JN001042

9 between [bitwíːn]
（2つ）の間に

the distance **between** the two cities
2つの市の間の距離

10 among [əmʌ́ŋ]
（3つ以上）の間に

a singer **among** his fans
ファンに囲まれた歌手

11 in [ín]
〜の中に

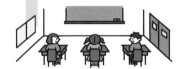

students **in** the classroom
教室の中にいる生徒

12 into [íntə]
〜の中へ

come **into** the classroom
教室の中へ入ってくる

13 through [θrúː]
〜を通り抜けて

go **through** the tunnel
トンネルを通り抜ける

14 across [əkrɔ́ːs]
〜を横切って

swim **across** the river
川を泳いで渡る

15 along [əlɔ́ːŋ]
〜に沿って

shops **along** the street
通り沿いの店

16 toward [tɔ́ːrd]
〜の方へ

walk **toward** the window
窓の方へ歩く

ハイパー
英語教室

中学 英語長文 1 改訂版
［基礎からはじめる編］

東進ハイスクール中等部・
東進中学NET講師
大岩秀樹／
東進ハイスクール・
東進ビジネススクール講師
安河内哲也 著

桐原書店

・・・・・・・・・・・・ はじめに ・・・・・・・・・・・・

英語は君が世界に出ていくためのパスポートです。世界中で君と同じ年齢の人たちが英語を勉強しています。日本だけでなく，アフリカでもアジアでもヨーロッパでも，みんな英語を勉強しているのです。そして，**英語を使ってさまざまな国の人たちがコミュニケーション**をとっています。

さて，英語を学ぶ上で身につけなければならないことはいくつかありますが，その1つは**英文を読めるようになることです**。今は新聞や本，そしてインターネットを通して世界中の出来事を知ることができます。その記事の多くは英語で書かれているので，英語が読めれば世界中の出来事をすばやく知ることができるのです。これは将来，世界で活躍する君にとって**絶対に必要な力**ですよね。

この本では，高校入試で出題された英語長文を通して，**英文の読み方**を学びます。英文を読むときは，作者が何を伝えようとしているのか，そのメッセージを読み取ろうとしてください。何よりも，英文を味わおうという気持ちを持つことが大切です。

この本では，どんな人にでも**楽しく**，**わかりやすく**，**スッキリ**と理解できるように解説していきますから，英語が苦手な人も安心してくださいね。

そして理解したあとは，音声を使って，学んだ英文を**音読**しましょう。**何も見なくても言えるくらい何度も音読することが，語学習得の一番の近道**です。英語もスポーツや音楽と同様に，**楽しんでやると早くマスターできます**。

音読は机でやる必要はありません。**好きな場所で，好きなポーズで，心をこめて音読**しましょう。
君は必ず英語ができるようになります。

2021年 初夏　大岩秀樹 ／ 安河内哲也

Contents

本書は公立高校入試出題の英文を使用して作成しています（一部改変）。

解説・和訳は著者によるものです。

本書の構成と効果的な使い方

本書では，1つのUnitを6ページで構成しています。

① Let's read!	② Questions	③ Answers	④ Vocabulary	⑤ Listen & Write!	⑥ Read aloud!
英文 →	問題 →	解答例 →	語句リスト →	ディクテーション →	音読

① *Let's read!* と ② *Questions*

「読む時間」と「解く時間」を目標に，英文を読んで，問題を解いてみましょう。わからないところがあっても，わかるところから推測して，どんな内容なのかを考えてみましょう。

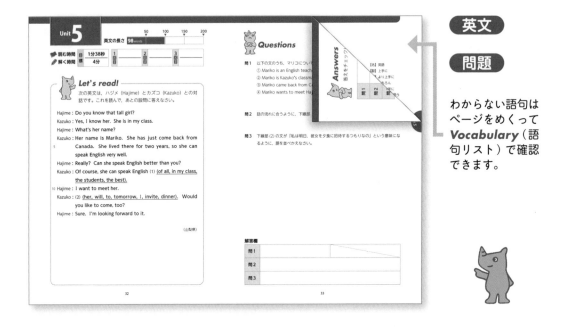

「読む時間」は，高校入試で最初の目標とすべき「1分間に60語」をもとに算出してあります。「解く時間」は，読んだあとに問題を解く時間のめやすです。

③ *Answers*

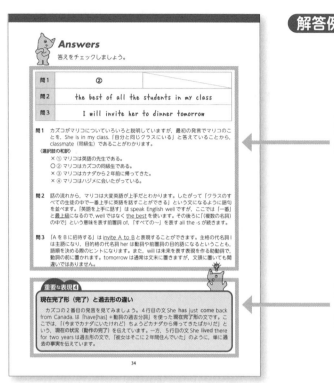

問題を解き終わったら，必ず答え合わせをして，正解とその理由を確認しましょう。問題を解きっぱなしにしないことが大切です。

問題英文の中から，読むときに「重要な表現」を1つ取り上げて解説しています。

④ *Vocabulary*

単語の意味を調べるリストとして使うだけでなく，覚えるために活用しましょう。以下，効果的な覚え方をご紹介します。

〈効果があがる！単語の覚え方〉

・単語と意味を声に出して読む。

・意味の欄をシートなどで隠して，単語の意味を言ってみる。

・単語を見て書いたあとに，今度は書いた単語を見ずに，左から右に何度も単語を書いていく。

和訳例

⑤ *Listen & Write!*

　ここは**ディクテーション**のトレーニングコーナーです。ディクテーションとは，音声を聞きながら，聞こえた英文や単語を書き取る勉強法のことです。ただ聞こえたとおりに書き取るだけでなく，次のような「やり方」で効果が何倍にもアップしますよ。

〈効果があがる！ ディクテーションのやり方〉

1回目：手にエンピツを持たずに聞いてみる。
　　　　➡ 細かい部分ではなく，文全体の内容を聞き取ってみましょう。

2回目：手にエンピツを持って，聞きながら書き取ってみる。
　　　　➡ 「いつ・どこで・誰が・何を・どうした」を意識して聞きましょう。
　　　　　　書き取るときには，聞こえた音をそのまま書くというよりも，
　　　　　　聞いた内容を自分で英語に直すつもりで書いてみましょう。

　このとき，「複数形の -s」「3単現の -s」「過去形の -ed」など，英語のルールを守っているかどうかを確認しましょう。

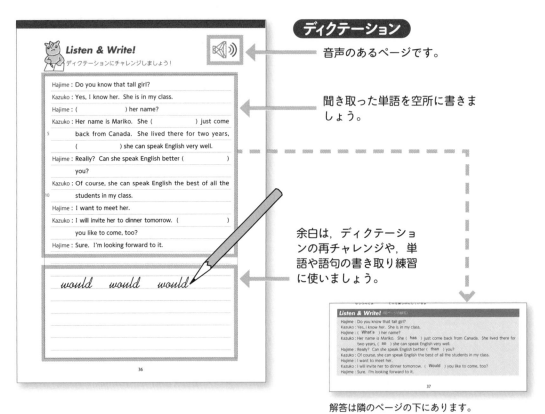

ディクテーション
音声のあるページです。

聞き取った単語を空所に書きましょう。

余白は，ディクテーションの再チャレンジや，単語や語句の書き取り練習に使いましょう。

解答は隣のページの下にあります。

⑥ *Read aloud!*

ここは**音読**のトレーニングコーナーです。音読とは，文を声に出して読むことです。英語の力がどんどんアップする，効果的な英文の音読の「やり方」をご紹介しましょう。

〈効果があがる！音読のやり方〉

日本語と英語は語順が違いますね。皆さんは英文を読むとき，意味をとるために後ろから前に戻って「返り読み」をすることがありませんか？　もっと速度を上げて，左から右へとすらすら英文が読めるようにするために，ここではスラッシュで分けられたカタマリごとに，前から意味をとる練習をします。

1回目：スラッシュで分けられたカタマリごとに読まれる英文のあとについて，
　　　　リピートしてみる。
　　　　➡ 英文の意味を考えながらリピートすることが大切です。
　　　　わからないときは日本語を参考にしましょう。最終的には
　　　　その英文を見ずにリピートできるまで，繰り返し練習しましょう。

2回目：*Listen and Write!* の音声を使い，スラッシュなしの英文を
　　　　何も見ないで聞いてみる。
　　　　➡ 聞いてそのまま意味がわかるようになるまで，繰り返し聞きましょう。

ディクテーションや音読は，**英語のままで英語が理解できるようになるためのトレーニング法**です。ディクテーションと音読で，高校入試や大学入試の力をはるかに超えた，本物の英語力を手に入れましょう。最初は難しく感じるかもしれませんが，毎日少しずつ，「明日は必ずできるようになる」という気持ちで**やり続けることが大切**ですよ。

音声について

本書の *Listen & Write!* と *Read aloud!* の音声は，弊社ホームページで聴くことができます。

https://www.kirihara.co.jp/download/

音声を，ストリーミング（外部サイト）で聴くことができます。ストリーミングをご利用の際には，ご利用の端末がインターネットに接続されている必要があります。

読む時間 | 目標 | **1分7秒** | 1回目 | ——— | 2回目 | ——— | 3回目 | ———
解く時間 | | **2分**

Let's read!

次の英文を読み，あとの設問に答えなさい。

There are a lot of restaurants in Japan. We can enjoy many different (1)<u>kinds</u> of food such as Japanese food, Chinese food, and American food. It is enjoyable for Japanese people to go to (2)<u>these places</u>. There are many good places to eat
5 at, even in small towns. These days more and more people are interested in cooking, and TV shows about food are also very popular.

(福井県)

Questions

問1 下線部 (1) と同じ意味の kind が使われている文を 1 つ選びなさい。

① She is very <u>kind</u> to everyone.

② This is a new <u>kind</u> of computer.

③ Thank you for your <u>kind</u> advice.

④ The old man spoke to us in a <u>kind</u> way.

問2 下線部 (2) が指している本文中の 1 語を書きなさい。

問3 次のうち本文の内容に合っているものを 1 つ選びなさい。

① 日本では中国やアメリカの料理を食べるのは難しい。

② 日本の小さな町には，おいしい食堂があまりない。

③ 最近，料理に興味を持つ人が増えている。

④ 食べ物に関してのテレビ番組が一番視聴率が高い。

解答欄

問1		問2	
問3			

Answers

答えをチェックしましょう。

問1	②	問2	restaurants
問3	③		

問1 <u>kind</u> は名詞で使われるときは「種類」，形容詞で使われるときは「親切な」という意味になります。下線部 (1) は「食べ物の<u>種類</u>」という意味の名詞なので，同じ使い方の②が正解になります。

〈選択肢の和訳〉
　　× ① 彼女はみんなにとても親切です。
　　○ ② これは新しい種類のコンピューターです。
　　× ③ ご親切なアドバイスをありがとうございます。
　　× ④ その老人は親切な口ぶりで私たちに話しました。

問2 these places「これらの場所」は，前の文で述べられている語を指しています。these places は複数形なので，複数の場所を示している名詞1語を探すと，1行目にある restaurants が正解とわかります。

問3 選択肢の正解・不正解の理由は以下のようになります。
　　× ① 1～3行目に，「日本にはたくさんのレストランがあって，日本食や中華料理，アメリカの料理のような多くの違った種類の食べ物を楽しむことができる」と書いてあります。
　　× ② 4～5行目に「小さな町にさえ食事をするのによい場所がたくさんある」と書いてあります。
　　○ ③ 5～6行目の「最近ではますます多くの人々が料理に関心を持っている」の部分に合致しています。
　　× ④ 6～7行目で確かに食べ物に関するテレビ番組の人気について述べられていますが，視聴率やその順位については述べられていません。

重要な表現❶

「It is＋形容詞＋(for＋名詞) to ...」は，「(～にとって) …することは―だ」

　3～4行目の It is enjoyable for Japanese people to go to these places. の「to go」の部分は **to 不定詞**で，「…すること」を表し，これが**文の真の主語**になります。**It** は後ろの to 不定詞を指す主語（形式主語）なので「それ」と訳す必要はありません。「～にとって」という語句は，「**for＋名詞**」の形を to 不定詞の前に置きます。

10

Vocabulary

単語と意味を確認しましょう。

□ a lot of 〜		【熟】	たくさんの〜
□ restaurant	[réstərənt]	【名】	レストラン
□ Japan	[dʒəpǽn]	【名】	日本
□ can ...	[kǽn]	【助】	…できる
□ enjoy	[endʒɔ́i]	【動】	楽しむ
□ many	[méni]	【形】	多くの
□ different	[dífərənt]	【形】	違った
□ kind	[káind]	【名】	種類
□ food	[fúːd]	【名】	食べ物
□ A(,) such as B		【熟】	B のような A
□ Japanese	[dʒæpəníːz]	【形】	日本の
□ Chinese	[tʃàiníːz]	【形】	中国の
□ American	[əmérikən]	【形】	アメリカの
□ enjoyable	[endʒɔ́iəbəl]	【形】	楽しい
□ people	[píːpəl]	【名】	人々
□ place	[pléis]	【名】	場所
□ eat	[íːt]	【動】	食べる
□ even ...	[íːvən]	【副】	…でさえ
□ small	[smɔ́ːl]	【形】	小さい
□ town	[táun]	【名】	町
□ these days		【熟】	近頃では
□ more and more 〜		【熟】	ますます多くの〜
□ be interested in 〜		【熟】	〜に関心がある
□ cooking	[kúkiŋ]	【名】	料理
□ TV show		【名】	テレビ番組
□ also	[ɔ́ːlsou]	【副】	また
□ popular	[pápjələɾ]	【形】	人気がある

和訳例

　日本にはたくさんのレストランがある。私たちは日本食や中華料理，アメリカの料理のような多くの違った種類の食べ物を楽しむことができる。これらの場所に行くのは日本人にとって楽しみだ。小さな町にさえ食事をするのによい場所がたくさんある。最近ではますます多くの人々が料理に興味を持ち，食べ物に関するテレビ番組もまたとても人気がある。

Listen & Write!

ディクテーションにチャレンジしましょう！

There are a (   ) of restaurants in Japan. We can enjoy many different (   ) of food such as Japanese food, Chinese food, and American food. It is enjoyable for (   ) people to go to these

5 places. There are many good (   ) to eat at, even in small towns. These days more (   ) more people are interested in cooking, and TV shows about food are also very popular.

Read aloud!

音読しましょう！

There are / a lot of restaurants / in Japan. / We can enjoy /
ある　　　　　たくさんのレストランが　　　　日本には　　　　私たちは楽しむことができる

many different kinds of food / such as Japanese food, /
多くの違った種類の食べ物を　　　　　　　　　日本食のような

Chinese food, / and American food. / It is enjoyable /
中華料理　　　　　　　そしてアメリカの料理　　　　　楽しい

for Japanese people / to go to these places. / There are /
日本人にとって　　　　　これらの場所に行くことは　　　　ある

many good places / to eat at, / even in small towns. / These
たくさんのよい場所が　　食事をするための　　小さな町にさえ　　　最近では

days / more and more people / are interested in cooking, /
ますます多くの人々が　　　　　料理に関心を持っている

and TV shows / about food / are also very popular.
そしてテレビ番組は　　食べ物に関する　　またとても人気がある

Listen & Write! (前ページの解答)

There are a (**lot**) of restaurants in Japan. We can enjoy many different (**kinds**) of food such as Japanese food, Chinese food, and American food. It is enjoyable for (**Japanese**) people to go to these places. There are many good (**places**) to eat at, even in small towns. These days more (**and**) more people are interested in cooking, and TV shows about food are also very popular.

13

Let's read!

次の英文を読み，あとの設問に答えなさい。

About forty years ago, using computers seemed very difficult. (1)<u>Most people didn't think that computers would become so popular</u>. People could not use computers without having special knowledge of computers. Computers were too

5 (2) (small / large / short / many) to use in everyday life.

Now computers have become smaller. Without having special knowledge of computers people can use them every day. Many people think it is easy to use them, so they have their own computers.

(兵庫県)

14

Questions

問1　下線部 (1) の言いかえとして最も適切な文を選びなさい。

① They thought that many people would use computers.

② They thought that all people would use computers.

③ They thought that few people would use computers.

④ They thought that everyone would use computers.

問2　(2) に入れるのに最も適切な語を選びなさい。

問3　本文の内容と合っていないものを選びなさい。

① かつて，コンピューターは非常に使いにくいものだと考えられていた。

② かつて，コンピューターを使うのには特別な知識は必要なかった。

③ 現在ではコンピューターは小型化している。

④ 現在では，人々は日常的にコンピューターを使用している。

解答欄

問1		問2		問3	

Answers

答えをチェックしましょう。

問1	③	問2	large	問3	②

問1 「ほとんどの人々はコンピューターがこれほど一般的になるだろうと考えてはいなかった」が下線部の意味です。言いかえると，「コンピューターが一般的に使われるようになると考えていた人はほとんどいなかった」となるため，③が正解とわかります。few ～（ほとんど～ない）は否定の意味を持つ重要な単語ですので，覚えておきましょう。

〈選択肢の和訳〉
× ① 多くの人がコンピューターを使うだろうと人々は考えていた。
× ② あらゆる人がコンピューターを使うだろうと人々は考えていた。
○ ③ コンピューターを使う人はほとんどいないだろうと人々は考えていた。
× ④ 誰もがコンピューターを使うだろうと人々は考えていた。

問2 「too＋形容詞［副詞］＋to ...」は，「～すぎて…できない」「…するには～すぎる」という意味を表します。本文の6行目に，Now computers have become smaller.（今ではコンピューターはより小さくなった）とあることから，「かつては大きかった」と考えられるので，空所には large が入ります。

〈選択肢の和訳〉
× 小さい / ○ 大きい / × 短い / × 多くの

問3 3～4行目「人々はコンピューターの専門的な知識を持っていなければ，コンピューターを使うことができなかった」より，②が正解とわかります。①は1行目，③は6行目，④は6～8行目に一致する内容です。

重要な表現2

「前置詞＋動名詞」

3行目と6行目に使われている without は前置詞です。前置詞の後ろには，ふつう名詞が置かれますが，その名詞の部分に動詞を置きたい場合には，名詞の働きをする -ing 形の動名詞を使います。without の後ろに動名詞が置かれると，without saying a word「一言も言わずに」のように，「…せずに」という意味になります。

Vocabulary

単語と意味を確認しましょう。

☐ forty	[fɔ́ːrti]	【形】	40 の
☐ year	[jíər]	【名】	年
☐ ～ ago	[əgóu]	【副】	～前に
☐ use	[júːz]	【動】	使う
☐ computer	[kəmpjúːtər]	【名】	コンピューター
☐ seem	[síːm]	【動】	…のように見える，思われる
☐ difficult	[dífikʌlt]	【形】	難しい
☐ most	[móust]	【形】	大多数の，たいていの
☐ people	[píːpəl]	【名】	人々
☐ think	[θíŋk]	【動】	考える，思う
☐ become	[bikʌ́m]	【動】	～になる
☐ so	[sóu]	【副】	〈副詞・形容詞の前で〉それほど
☐ popular	[pápjələr]	【形】	人気のある，大衆的な
☐ could	[kúd]	【助】	can（…できる）の過去形
☐ without ～	[wiðáut]	【前】	～なしで［に］，…せずに
☐ special	[spéʃəl]	【形】	特別な，専門の
☐ knowledge	[nálidʒ]	【名】	知識
☐ too ～ to ...		【熟】	～すぎて…できない，…するには～すぎる
☐ large	[láːrdʒ]	【形】	大きい
☐ many	[méni]	【形】	多くの
☐ everyday	[évridèi]	【形】	毎日の
☐ smaller	[smɔ́ːlər]	【形】	small（小さい）の比較級
☐ every day		【熟】	毎日
☐ easy	[íːzi]	【形】	簡単な
☐ so ...	[sóu]	【接】	だから…
☐ own	[óun]	【形】	自分自身の

和訳例

　40 年ほど前，コンピューターを使うことはとても難しく思われた。ほとんどの人々はコンピューターがこれほど一般的になるだろうと考えてはいなかった。人々はコンピューターの専門的な知識を持っていなければ，コンピューターを使うことができなかった。コンピューターは毎日の生活で使うには大きすぎた。

　今ではコンピューターはより小さくなった。コンピューターの専門知識を持っていなくても，人々は毎日それらを使うことができる。多くの人々はそれらを使うことは簡単であると思っている。だから，彼らは自分専用のコンピューターを持っている。

Listen & Write!

ディクテーションにチャレンジしましょう！

About forty years (   ), using computers seemed very difficult. Most people didn't think that computers would become (   ) popular. People could not use computers (   ) having special knowledge of

5 computers. Computers were (   ) large to use in everyday life.

Now computers have become (   ). Without having special knowledge of computers people can use them every day. Many people think it is easy to use them,

10 so they have their own computers.

Read aloud!

音読しましょう！

About forty years ago, / using computers / seemed
40年ほど前　　　　　コンピューターを使うことは　　　とても難しく

very difficult. / Most people / didn't think / that computers /
思われた　　　　ほとんどの人々は　　考えてはいなかった　　コンピューターが

would become so popular. / People could not use computers /
これほど一般的になるだろうと　　　人々はコンピューターを使うことができなかった

without having special knowledge / of computers. / Computers
専門的な知識を持っていなければ　　　　コンピューターの　　　コンピューターは

were too large / to use / in everyday life. /
大きすぎた　　　使うには　　毎日の生活で

Now / computers / have become smaller. / Without having
今では　　コンピューターは　　　より小さくなった　　　専門知識を持っていなくても

special knowledge / of computers / people can use them / every day. /
コンピューターの　　　人々はそれらを使うことができる　　毎日

Many people think / it is easy / to use them, / so / they have /
多くの人々は思っている　　簡単であると　　それらを使うことは　　だから　彼らは持っている

their own computers.
自分専用のコンピューターを

Listen & Write! （前ページの解答）

　　About forty years （ **ago** ）, using computers seemed very difficult. Most people didn't think that computers would become （ **so** ） popular. People could not use computers （ **without** ） having special knowledge of computers. Computers were （ **too** ） large to use in everyday life.

　　Now computers have become （ **smaller** ）. Without having special knowledge of computers people can use them every day. Many people think it is easy to use them, so they have their own computers.

19

Let's read!

次の英文を読み，あとの設問に答えなさい。

　　In Japan, we can always get food, water and clothes, and take trains or buses to schools or hospitals.　We think it is natural to do (1)these things.　But people in many other countries can't do these things (2)as we can.　Around 150
5 countries need more industry and technology.　And the people in those countries have to live on only about 100 or 200 yen each day.　Those countries are called developing countries, and about 80% of the people in the world live there.

(愛知県)

Questions

問1 下線部 (1) が指すものの中に含まれているものを 1 つ選びなさい。

① living with little money

② driving a car

③ getting water easily

④ taking an airplane

問2 下線部 (2) と同じ使い方の as が使われている文を 1 つ選びなさい。

① I can run as fast <u>as</u> my brother.

② She was chosen <u>as</u> the captain of the club.

③ Please do <u>as</u> I do.

④ My sister works <u>as</u> a junior high school teacher in Chiba.

問3 本文の内容と合っていないものを選びなさい。

① 日本では，人々は衣食住が満たされた生活を送っている。

② 日本の人々は交通手段が使えることを当然だとは考えていない。

③ 約 150 の国々はさらなる産業や技術が必要である。

④ 世界の約 80 パーセントの人々が発展途上国に住んでいる。

解答欄

問1		問2		問3	

Answers

答えをチェックしましょう。

問1	③	問2	③	問3	②

問1　this 〜やthese 〜は，直前の物事を指す場合によく使われます。ここでは，these 〜なので，直前にある複数の物事を指していると考えられます。したがって，直前にある always get food, water and clothes，take trains or buses to schools or hospitals に唯一含まれている③が正解になります。選択肢③の easily は「簡単に」という意味で，always（いつも）と近い意味を表しています（簡単に手に入る≒いつも手に入る）。

〈選択肢の和訳〉

× ① わずかなお金で生活すること　　　× ② 車を運転すること

○ ③ 簡単に水を手に入れること　　　× ④ 飛行機に乗ること

問2　下線部 (2) の as は，後ろに we can (do these things) のように文を置き，「〜が…するように」という意味で使う接続詞です。これと同じ使い方の③が正解になります。①も接続詞ですが，「as＋副詞＋as 〜」で「〜と同じくらい…に」という意味を表しますので使い方が違います。②と④は後ろに名詞を置いて「〜として」という意味を表す前置詞です。

〈選択肢の和訳〉

× ① 私は兄と同じくらい速く走れる。　× ② 彼女はクラブのキャプテンとして選ばれた。

○ ③ 私がするようにしてください。　　× ④ 私の姉は千葉で中学の先生として働いています。

問3　1〜3行目「日本では，私たちはいつでも…学校や病院まで電車やバスを利用することができる。私たちは，これらのことをすることが当然だと思っている」より，②が正解とわかります。①は1行目，③は4〜5行目，④は7〜8行目に一致する内容です。

重要な表現❸

call A B は「A を B と呼ぶ」

本文の最後の文 Those countries <u>are called</u> developing countries は「…される」という意味の**受け身**になっています。元の形は We call <u>those countries</u> <u>developing countries</u>「私たちはそれらの国々を発展途上国と呼ぶ」です。**call A B は「A を B と呼ぶ」**という意味で，入試にもよく出る表現です。

Vocabulary

単語と意味を確認しましょう。

☐ always	[ɔ́ːlweiz]	【副】	いつも，常に
☐ get	[gét]	【動】	得る
☐ food	[fúːd]	【名】	食べ物
☐ water	[wɔ́ːtər]	【名】	水
☐ clothes	[klóuz]	【名】	衣服
☐ take	[téik]	【動】	〈交通手段として〉利用する
☐ or ...	[ɔ́ːr]	【接】	または…
☐ hospital	[háspitl]	【名】	病院
☐ natural	[nǽtʃərəl]	【形】	当然の，自然の
☐ these	[ðíːz]	【形】	これらの
☐ thing	[θíŋ]	【名】	物，物事
☐ but ...	[bʌ́t]	【接】	しかし…
☐ other	[ʌ́ðər]	【形】	他の
☐ country	[kʌ́ntri]	【名】	国
☐ around ～	[əráund]	【副】	約～
☐ more	[mɔ́ːr]	【形】	より多くの
☐ industry	[índəstri]	【名】	産業
☐ technology	[teknálədʒi]	【名】	科学技術，工業技術
☐ have to ...		【熟】	…しなければならない
☐ live on ～		【熟】	～でなんとか生活する
☐ only ～	[óunli]	【副】	〈数量が〉ほんの～，わずか～
☐ call	[kɔ́ːl]	【動】	呼ぶ
☐ developing country		【名】	発展途上国
☐ world	[wə́ːrld]	【名】	世界
☐ there	[ðéər]	【副】	そこに

和訳例

　日本では，私たちはいつでも食べ物や水や服を手に入れることができ，そして学校や病院まで電車やバスを利用することができる。私たちは，これらのことをすることが当然だと思っている。しかし，他の多くの国々の人たちは，私たちができるようにこれらのことをすることができない。およそ 150 の国々が，もっと多くの産業や技術を必要としている。そして，そうした国々の人々は，1 日わずか 100 円か 200 円くらいでなんとか生活しなければならない。それらの国々は発展途上国と呼ばれ，世界の約 80 パーセントの人々がそこに住んでいる。

Listen & Write!

ディクテーションにチャレンジしましょう！

   In Japan, we can (   ) get food, water

and clothes, and (   ) trains or buses to schools

or hospitals. We think it is (   ) to do

these things. But people in many other countries can't do

5 these things as we can. Around 150 countries need more

industry and technology. And the people in those countries

(   ) to live on only about 100 or 200 yen each

day. Those countries are (   ) developing

countries, and about 80% of the people in the world live there.

Read aloud!

音読しましょう！

Unit 3

In Japan, / we can always get / food, water and clothes, /
日本では　　　　私たちはいつでも手に入れることができる　　　　食べ物や水や服を

and take trains or buses / to schools or hospitals. / We think /
そして電車やバスを利用する　　　　　　学校や病院まで　　　　　　私たちは思っている

it is natural / to do these things. / But people / in many other
当然だと　　　　　これらのことをすることが　　　しかし人々は　　　　他の多くの国々の

countries / can't do these things / as we can. / Around 150
これらのことをすることができない　　　私たちができるように　　およそ150の国々が

countries / need more industry and technology. / And the
もっと多くの産業や技術を必要としている　　　　　　そして，人々は

people / in those countries / have to live / on only about
そうした国々の　　　　なんとか生活しなければならない　　わずか100円か200円くらいで

100 or 200 yen / each day. / Those countries / are called
1日に　　　　　　それらの国々は

developing countries, / and about 80% of the people / in the world /
発展途上国と呼ばれている　　　　そして，約80パーセントの人々が　　　　世界の

live there.
そこに住んでいる

Listen & Write! (前ページの解答)

In Japan, we can (**always**) get food, water and clothes, and (**take**) trains or buses to schools or hospitals. We think it is (**natural**) to do these things. But people in many other countries can't do these things as we can. Around 150 countries need more industry and technology. And the people in those countries (**have**) to live on only about 100 or 200 yen each day. Those countries are (**called**) developing countries, and about 80% of the people in the world live there.

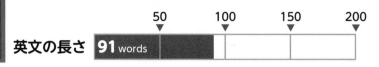

Unit **4**

英文の長さ　**91** words

| | 50 | 100 | 150 | 200 |

読む時間　目標　**1分31秒**

解く時間　**2分**

1回目 ————————　2回目 ————————　3回目 ————————

Let's read!

次の英文を読み，あとの設問に答えなさい。

　　More and more young Japanese people are interested in working abroad as volunteers these days.　Some people are helping farmers in some Asian countries. The farmers want to produce more (1) (oil / fish / water / food).　Some people
5 are trying to share their knowledge and skills with people in Africa.

　　Kyoko would like to do this kind of work in the future. (2)<u>She is a member of the volunteer club at her school.</u>　Last year the members cleaned a park, visited a home for the
10 elderly, and raised money for sick and hungry children in Africa.

（宮城県）

Questions

問 1　(1) に入れるのに最も適切な語を選びなさい。

問 2　下線部 (2) の言いかえとして適切でない文を選びなさい。

① She belongs to the volunteer club at her school.

② She is among the members of the volunteer club at her school.

③ She has joined the volunteer club at her school.

④ She has left the volunteer club at her school.

問 3　本文の内容と一致するものを 1 つ選びなさい。

① 最近では若者たちは海外よりも国内で働くことに興味がある。

② ボランティアたちはみな，アジアではなくアフリカで働いている。

③ Kyoko はアジアやアフリカで活動を始めている。

④ ボランティア部は活動の 1 つとして老人ホームを訪れた。

解答欄

問 1		問 2	
問 3			

Answers

答えをチェックしましょう。

問1	food	問2	④
問3	④		

問1 空所には農場経営者がより多く生産したいと思っているものが入るので，food（食料）を選びます。

〈選択肢の和訳〉

× 油 / × 魚 / × 水 / ○ 食料

問2 「彼女は自分の学校でボランティア部の一員である」が下線部の意味です。よって，ボランティア部に所属していないことを意味する④が正解となります。④ has left ～（～を去った［辞めた］）以外，① belong to ～（～に所属している），② be among the members of ～（～の部員の中にいる），③ has joined ～（～に参加している）は，所属していることを意味する内容です。

〈選択肢の和訳〉

① 彼女は自分の学校のボランティア部に所属している。
② 彼女は自分の学校のボランティア部の部員の中にいる。
③ 彼女は学校のボランティア部に参加している。
④ 彼女は学校のボランティア部を辞めた。

問3 選択肢の正解・不正解の理由は以下のようになります。

× ① 1～2行目に「最近では，ますます多くの日本の若者が，海外でボランティアとして働くことに興味を持っている」とあります。

× ② 2～3行目でアジアで働いているボランティアについて述べられています。

× ③ 7行目でキョウコの将来の希望について述べられてはいますが，彼女が現時点でその仕事を始めているとは書かれていません。また，最後の文にあるお金を集める活動は，アフリカの現地で行っているわけではありません。

○ ④ 最後の文の a home for the elderly は「老人ホーム」のことなので，これが正解です。

Vocabulary

単語と意味を確認しましょう。

☐ be interested in ~		【熟】	~に興味を持っている
☐ work	[wə́ːrk]	【動】	働く
☐ abroad	[əbrɔ́ːd]	【副】	外国で[へ]
☐ as ~	[əz]	【前】	~として
☐ volunteer	[vὰləntíər]	【名】	ボランティア, 志願者
☐ these days		【熟】	最近では
☐ some	[səm]	【形】	いくらかの
☐ help	[hélp]	【動】	助ける
☐ farmer	[fáːrmər]	【名】	農場経営者
☐ Asian countries		【名】	アジア諸国
☐ want to ...		【熟】	…したいと思う
☐ produce	[prədjúːs]	【動】	生産する
☐ try to ...		【熟】	…しようとする
☐ share	[ʃéər]	【動】	分け合う
☐ knowledge	[nálidʒ]	【名】	知識
☐ skill	[skíl]	【名】	技術

☐ Africa	[æfrikə]	【名】	アフリカ
☐ would like to ...		【熟】	…したいと思う
☐ in the future		【熟】	将来は
☐ member	[mémbər]	【名】	一員
☐ last	[lǽst]	【形】	〈時を表す名詞の前に用いて〉前の, 昨~
☐ clean	[klíːn]	【動】	清潔にする, 掃除する
☐ park	[páːrk]	【名】	公園
☐ visit	[vízət]	【動】	訪問する
☐ home for the elderly		【名】	老人ホーム
☐ raise money for ~		【熟】	~のためにお金を集める
☐ sick	[sík]	【形】	病気の
☐ hungry	[hʌ́ŋgri]	【形】	飢えた
☐ children	[tʃíldrən]	【名】	child (子ども) の複数形

Unit 4

和訳例

　最近では, ますます多くの日本の若者が, 海外でボランティアとして働くことに興味を持っている。ある人たちは, いくつかのアジアの国々の農場経営者を支援している。その農場経営者たちはより多くの食料を生産したいと思っている。ある人たちは, 彼らの知識と技術をアフリカの人々と共有しようとしている。

　キョウコは将来, このような種類の仕事をしたいと思っている。彼女は自分の学校でボランティア部の一員である。昨年, 部員たちは公園の掃除をしたり, 老人ホームを訪れたり, さらにアフリカの病気や飢えに苦しんでいる子どもたちのためにお金を集めたりした。

Listen & Write!

ディクテーションにチャレンジしましょう！

More and more young Japanese people are interested in

(   ) abroad as volunteers these days.

Some people are helping farmers in some Asian countries.

The farmers want to (   ) more food. Some

5 people are trying to share their knowledge and skills with

people in Africa.

Kyoko would like to do this (   ) of work in

the future. She is a (   ) of the volunteer club

at her school. (   ) year the members cleaned a

10 park, visited a home for the elderly, and raised money for sick

and hungry children in Africa.

Read aloud!

声に出して読みましょう！

More and more young Japanese people / are interested /
ますます多くの日本の若者が　　　　　　　　　　　　　　興味を持っている

in working abroad / as volunteers / these days. / Some people /
海外で働くことに　　　　　ボランティアとして　　　　最近では　　　　　ある人たちは

are helping farmers / in some Asian countries. / The farmers /
農場経営者を支援している　　　　いくつかのアジアの国々の　　　　　その農場経営者たちは

want to produce / more food. / Some people / are trying to share /
生産したいと思っている　　より多くの食料を　　ある人たちは　　　　共有しようとしている

their knowledge and skills / with people / in Africa. /
彼らの知識と技術を　　　　　　　人々と　　　アフリカの

Kyoko / would like to do / this kind of work / in the future. /
キョウコは　　　　したいと思っている　　このような種類の仕事を　　　　将来

She is a member / of the volunteer club / at her school. / Last year /
彼女は一員である　　　　　ボランティア部の　　　　　自分の学校で　　　昨年

the members / cleaned a park, / visited a home / for the elderly, /
部員たちは　　　　　公園の掃除をしたり　　　　ホームを訪れたり　　　高齢者のための

and raised money / for sick and hungry children / in Africa.
さらにお金を集めたりした　　　病気や飢えに苦しんでいる子どもたちのために　　　アフリカの

Unit 4

Listen & Write! (前ページの解答)

More and more young Japanese people are interested in (**working**) abroad as volunteers these days. Some people are helping farmers in some Asian countries. The farmers want to (**produce**) more food. Some people are trying to share their knowledge and skills with people in Africa.

Kyoko would like to do this (**kind**) of work in the future. She is a (**member**) of the volunteer club at her school. (**Last**) year the members cleaned a park, visited a home for the elderly, and raised money for sick and hungry children in Africa.

 ## *Let's read!*

次の英文は，ハジメ（Hajime）とカズコ（Kazuko）との対話です。これを読んで，あとの設問に答えなさい。

Hajime : Do you know that tall girl?

Kazuko : Yes, I know her. She is in my class.

Hajime : What's her name?

Kazuko : Her name is Mariko. She has just come back from
5　　　　 Canada. She lived there for two years, so she can
　　　　 speak English very well.

Hajime : Really? Can she speak English better than you?

Kazuko : Of course, she can speak English (1) <u>(of all, in my class,
　　　　 the students, the best).</u>

10 Hajime : I want to meet her.

Kazuko : (2) <u>(her, will, to, tomorrow, I, invite, dinner).</u> Would
　　　　 you like to come, too?

Hajime : Sure. I'm looking forward to it.

（山梨県）

Questions

問1 以下の文のうち，マリコについて正しく述べられているものを1つ選びなさい。

① Mariko is an English teacher.

② Mariko is Kazuko's classmate.

③ Mariko came back from Canada two years ago.

④ Mariko wants to meet Hajime.

問2 話の流れに合うように，下線部（1）の語句を並べかえなさい。

Unit 5

問3 下線部 (2) の文が「私は明日，彼女を夕食に招待するつもりなの」という意味になるように，語を並べかえなさい。

解答欄

問1	
問2	
問3	

Answers

答えをチェックしましょう。

問1	②	
問2	the best of all the students in my class	
問3	I will invite her to dinner tomorrow	

問1 カズコがマリコについていろいろと説明していますが，最初の発言でマリコのことを，She is in my class.「自分と同じクラスにいる」と答えていることから，classmate（同級生）であることがわかります。

〈選択肢の和訳〉
× ① マリコは英語の先生である。
○ ② マリコはカズコの同級生である。
× ③ マリコはカナダから2年前に帰ってきた。
× ④ マリコはハジメに会いたがっている。

問2 話の流れから，マリコは大変英語が上手だとわかります。したがって「クラスのすべての生徒の中で一番上手に英語を話すことができる」という文になるように語句を並べます。「英語を上手に話す」は speak English well ですが，ここでは「一番」と最上級になるので，well ではなく the best を使います。その後ろに「(複数の名詞)の中で」という意味を表す前置詞 of，「すべての〜」を表す all the -s が続きます。

問3 「A を B に招待する」は invite A to B と表現することができます。主格の代名詞 I は主語になり，目的格の代名詞 her は動詞や前置詞の目的語になるということも，語順を決める際のヒントになります。また，will は未来を表す表現を作る助動詞で，動詞の前に置かれます。tomorrow は通常は文末に置きますが，文頭に置いても間違いではありません。

重要な表現 4

現在完了形（完了）と過去形の違い

カズコの2番目の発言を見てみましょう。4行目の文 She **has** just **come** back from Canada. は「have[has] ＋動詞の過去分詞」を使った**現在完了形**の文です。ここでは，「(今までカナダにいたけれど) ちょうどカナダから帰ってきたばかりだ」という，**現在の状況（動作の完了）**を伝えています。一方，5行目の文 She **lived** there for two years は過去形の文で，「彼女はそこに2年間住んでいた」のように，単に**過去の事実**を伝えています。

Vocabulary

単語と意味を確認しましょう。

☐ know	[nóu]	【動】知っている	
☐ that	[ðǽt]	【形】あの	
☐ tall	[tɔ́:l]	【形】背の高い	
☐ girl	[gə́:rl]	【名】女の子	
☐ class	[klǽs]	【名】クラス	
☐ what	[hwʌ́t]	【代】何	
☐ just	[dʒʌ́st]	【副】ちょうど	
☐ come back from ～		【熟】～から戻る	
☐ Canada	[kǽnədə]	【名】カナダ	
☐ live	[lív]	【動】生活する，住む	
☐ there	[ðéər]	【副】そこへ [に]	
☐ so ...	[sóu]	【接】だから…	
☐ speak	[spí:k]	【動】話す	

☐ English	[íŋgliʃ]	【名】英語	
☐ well	[wél]	【副】上手に	
☐ better	[bétər]	【副】より上手に	
☐ of course		【熟】もちろん	
☐ best	[bést]	【副】最も上手に	
☐ want to ...		【熟】…したいと思う	
☐ meet	[mí:t]	【動】会う	
☐ invite	[inváit]	【動】招く	
☐ dinner	[dínər]	【名】夕食	
☐ tomorrow	[təmɔ́(:)rou]	【副】明日	
☐ too	[tú:]	【副】(…も) また	
☐ sure	[ʃúər]	【副】もちろん	
☐ look forward to ～		【熟】～を楽しみに待つ	

Unit 5

和訳例

Hajime：あの背の高い女の子を，君は知っているの？

Kazuko：ええ，彼女を知っているわ。彼女は私のクラスにいるの。

Hajime：彼女の名前は何ていうの？

Kazuko：彼女の名前はマリコよ。彼女はちょうどカナダから帰ってきたばかりなの。彼女はそこに２年間住んでいたの。だから，彼女は英語をとても上手に話すことができるのよ。

Hajime：本当？　彼女は君よりも上手に英語を話すことができるの？

Kazuko：もちろん，彼女は私のクラスのすべての生徒の中で，一番上手に英語を話すことができるのよ。

Hajime：僕は彼女に会いたいな。

Kazuko：私は明日，彼女を夕食に招待するつもりなの。あなたも来たい？

Hajime：もちろんだよ。それを楽しみにしているよ。

Listen & Write!

ディクテーションにチャレンジしましょう！

Hajime : Do you know that tall girl?

Kazuko : Yes, I know her. She is in my class.

Hajime : (   ) her name?

Kazuko : Her name is Mariko. She (   ) just come

5   back from Canada. She lived there for two years,

(   ) she can speak English very well.

Hajime : Really? Can she speak English better (   )

you?

Kazuko : Of course, she can speak English the best of all the

10   students in my class.

Hajime : I want to meet her.

Kazuko : I will invite her to dinner tomorrow. (   )

you like to come, too?

Hajime : Sure. I'm looking forward to it.

Read aloud!

音読しましょう！

Hajime : Do you know / that tall girl? /
君は知っているの　あの背の高い女の子を

Kazuko : Yes, / I know her. / She is / in my class. /
ええ　彼女を知っているわ　彼女はいるの　私のクラスに

Hajime : What's her name? /
彼女の名前は何ていうの

Kazuko : Her name is Mariko. / She has just come back / from Canada. /
彼女の名前はマリコよ　　　彼女はちょうど帰ってきたばかりなの　　　カナダから

She lived there / for two years, / so she can speak English /
彼女はそこに住んでいたの　　　２年間　　　だから彼女は英語を話すことができるのよ

very well. /
とても上手に

Hajime : Really? / Can she speak English / better than you? /
本当　　　彼女は英語を話すことができるの　　　君よりも上手に

Kazuko : Of course, / she can speak English / the best / of all
もちろん　　　彼女は英語を話すことができるのよ　　　一番上手に　　　すべての

the students / in my class. /
生徒の中で　　　私のクラスの

Hajime : I want to meet her. /
僕は彼女に会いたいな

Kazuko : I will invite her / to dinner / tomorrow. / Would you
私は彼女を招待するつもりなの　　　夕食に　　　明日　　　あなたは来たい

like to come, / too? /
もまた

Hajime : Sure. / I'm looking forward to it.
もちろんだよ　　　それを楽しみにしているよ

Listen & Write! （前ページの解答）

Hajime : Do you know that tall girl?
Kazuko : Yes, I know her. She is in my class.
Hajime : (**What's**) her name?
Kazuko : Her name is Mariko. She (**has**) just come back from Canada. She lived there for
two years, (**so**) she can speak English very well.
Hajime : Really? Can she speak English better (**than**) you?
Kazuko : Of course, she can speak English the best of all the students in my class.
Hajime : I want to meet her.
Kazuko : I will invite her to dinner tomorrow. (**Would**) you like to come, too?
Hajime : Sure. I'm looking forward to it.

Let's read!

次の英文とアンケート結果を読み，あとの設問に答えなさい。

　　Yesterday we talked about our school trip.　More students want to go to Hiroshima (1) the other places.　I also want to go there because I (2) there before.　In our class, sixteen students want to learn about peace.　Seeing traditional
5 buildings is (3) doing sports activities.

　　Last year all of the students went to the same places on the second day of the trip.　This year twenty-seven students think that each class should decide (4).　They say that they want to (5).

〈修学旅行についてのクラスアンケート結果（40 人）〉

(1) どこに行きたいですか。

広島 ·························· 22 人
沖縄 ·························· 10 人
京都 ···························· 5 人
北海道 ························· 3 人

(2) 何をしたいですか。

平和学習 ····················· 16 人
伝統的な建物の見学 ······· 9 人
スポーツ活動 ················ 9 人
自然体験 ······················ 6 人

(3) 2 日目の見学はクラス別がよいですか，それとも学年一斉がよいですか。

	希望者数	主な理由
クラス別見学	27 人	クラスの団結が強まるから。
学年一斉見学	13 人	他のクラスの友達と話すことができるから。

（茨城県）

Questions

問　空所 (1) 〜 (5) に入れるのに最も適切な語（句）を選びなさい。

(1) ① than　　② as　　③ to　　④ in

(2) ① should not go　　② have never been
　　③ do not go　　④ must not be

(3) ① more boring than　　② as boring as
　　③ more popular than　　④ as popular as

(4) ① how to eat　　② when to sleep
　　③ where to visit　　④ what to buy

(5) ① talk with friends in other classes
　　② make their friendships stronger
　　③ play sports with their friends
　　④ visit many schools to make friends

解答欄

(1)		(2)		(3)		(4)		(5)	

Answers

答えをチェックしましょう。

(1)	①	(2)	②	(3)	④	(4)	③	(5)	②

(1) この文の主語の students は，More students と，many の比較級 more によって修飾されています。比較級の形容詞や副詞のあとで「～よりも」という意味を表して使われるのは than という接続詞です。

(2) before（以前に）という副詞があることから，ここでは「今までの経験」を表す現在完了形を用いることが適切です。**「have never been to＋場所」**で「今までに一度も～へ行ったことがない」という意味です。「場所」に there（そこに）などの副詞がくる場合，to は用いません。

〈選択肢の和訳〉

× ① 行くべきでない 　　　○ ② 一度も行ったことがない

× ③ 行かない 　　　　　　× ④ いてはならない

(3) アンケートでは何をしたいかの人気度が比較されています。boring は「退屈な」という意味なので，このアンケートには合いません。アンケートの中では，seeing traditional buildings（伝統的な建物を見ること）と doing sports activities（スポーツ活動をすること）の人気度が同じなので，**「as＋形容詞の原級＋as ～」**（～と同じくらい…）という表現を選びます。

〈選択肢の和訳〉

× ① ～よりも退屈である 　　× ② ～と同じくらい退屈である

× ③ ～よりも人気がある 　　○ ④ ～と同じくらい人気がある

(4) 本文とアンケートのテーマの１つは，旅行の「行き先」の決め方です。「行き先」は where to visit（どこを訪れるか）と言いかえられます。この where to visit などのように，疑問詞と不定詞を組み合わせて，「…する（べき）か」という意味の名詞のカタマリを作ることができます。

〈選択肢の和訳〉

× ① どのようにして食べるか　× ② いつ寝るか

○ ③ どこを訪れるか　　　　　× ④ 何を買うか

(5) アンケートの（3）を見ると，クラス別見学を希望する 27 人は，主な理由として「クラスの団結が強まるから」と答えています。したがって，②が正解となります。なお，②の make their friendships stronger は，make A B（A を B にする）という重要表現ですが，「make ＋人＋物」（人に物を作ってあげる）という使い方とは意味が異なるので，注意が必要です。

〈選択肢の和訳〉

× ① 他のクラスの友達と話す　　○ ② 友情をより強いものにする

× ③ 友人とスポーツをする　　　× ④ 友人を作るために多くの学校を訪問する

Vocabulary

単語と意味を確認しましょう。

☐ yesterday	[jéstərdei]	【副】	昨日（は）
☐ talk about ～		【熟】	～について話す
☐ school trip		【名】	修学旅行
☐ more	[mɔ́ːr]	【形】	より多くの
☐ want to ...		【熟】	…したいと思う
☐ other	[ʌ́ðər]	【形】	他の
☐ place	[pléis]	【名】	場所
☐ never	[névər]	【副】	一度も…ない
☐ before	[bifɔ́ːr]	【副】	以前に
☐ learn about ～		【熟】	～について学ぶ
☐ peace	[píːs]	【名】	平和
☐ see	[síː]	【動】	見る
☐ traditional	[trədíʃənəl]	【形】	伝統的な
☐ building	[bíldiŋ]	【名】	建物
☐ as ... as ～		【熟】	～と同じくらい…
☐ popular	[pápjələr]	【形】	人気のある
☐ activity	[æktívəti]	【名】	活動
☐ same	[séim]	【形】	同じ
☐ second	[sékənd]	【形】	第2（番目）の
☐ should ...	[ʃúd]	【助】	…すべきである
☐ decide	[disáid]	【動】	決心する，決定する
☐ where	[hwéər]	【副】	どこに
☐ make A B		【熟】	A を B にする
☐ friendship	[fréndʃip]	【名】	友情，交友関係
☐ stronger	[strɔ́(ː)ŋər]	【形】	strong（強い）の比較級

Unit 6

和訳例

　昨日，私たちは修学旅行について話をした。より多くの生徒たちが，他の場所よりも広島に行きたいと思っている。以前にそこに行ったことが一度もないので，私もそこに行きたいと思う。私たちのクラスでは，16 人の生徒が平和について学びたいと思っている。伝統的な建物を見ることはスポーツ活動をすることと同じくらい人気がある。

　去年は，すべての生徒が修学旅行の 2 日目には同じ場所に行った。今年は 27 人の生徒が，それぞれのクラスがどこを訪問するかを決めるべきだと考えている。彼らは友情をより強くしたいと言っている。

Listen & Write!

ディクテーションにチャレンジしましょう！

Yesterday we talked about our school trip. More students want to go to Hiroshima ( ) the other places. I also want to go there because I have ( ) been there before. In our class, sixteen students want to learn about

5 peace. Seeing traditional buildings is as ( ) as doing sports activities.

Last year all of the students went to the same places ( ) the second day of the trip. This year twenty-seven students think that each class should decide

10 ( ) to visit. They say that they want to make their friendships stronger.

Read aloud!

音読しましょう!

Yesterday / we talked / about our school trip. / More students /
昨日　　　　私たちは話をした　　　　修学旅行について　　　　より多くの生徒たちが

want to go to Hiroshima / than the other places. /
広島に行きたいと思っている　　　　　　　他の場所よりも

I also want to go there / because I have never been there before. /
私もそこへ行きたいと思う　　　　私は以前にそこに行ったことが一度もないので

In our class, / sixteen students / want to learn / about peace. /
私たちのクラスでは　　　16人の生徒が　　　学びたいと思っている　　平和について

Seeing traditional buildings / is as popular / as doing sports
伝統的な建物を見ることは　　　　　同じくらい人気がある　　スポーツ活動をすることと

activities. /

Last year / all of the students / went to the same places /
去年は　　　　すべての生徒が　　　　同じ場所に行った

on the second day / of the trip. / This year / twenty-seven students
2日目には　　　　修学旅行の　　　今年は　　　27人の生徒が考えている

think / that each class / should decide / where to visit. /
それぞれのクラスが　　決めるべきだと　　どこを訪問するかを

They say / that they want to make / their friendships stronger.
彼らは言う　　　　彼らはしたいと　　　　　友情をより強く

Unit 6

Unit 7

50   100   150   200

英文の長さ **100** words

 読む時間
 解く時間

目標 | 1分40秒
2分

1回目 _____   2回目 _____   3回目 _____

 Let's read!

次の英文を読み，あとの設問に答えなさい。

　　The Niagara River runs from Lake Erie in the south to Lake Ontario in the north.　It's about 50 kilometers long and it's a border (1) the U.S. and Canada.　Lake Erie is about 100 meters higher (2) Lake Ontario.　So the river flows very fast.

5 (3)In the middle of the river, there are two big falls called Niagara Falls.　They are the American Falls and the Canadian Falls.　Between the two falls, there is a small island called Goat Island.　It is a part of the State of New York.　The Canadian Falls are larger than the American Falls.

(秋田県)

(注) kilometer：キロメートル　　border：国境

44

Questions

問1　空所 (1) に入れるのに最も適切な語を選びなさい。

① behind　　　② between　　③ below　　　④ beside

問2　空所 (2) に入れるのに最も適切な語を選びなさい。

① that　　　　② when　　　③ if　　　　　④ than

問3　下線部 (3) の内容を適切に表している Niagara Falls の位置を，次の図の①〜④の
中から選びなさい。

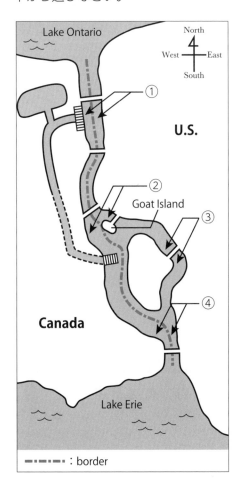

解答欄

問1		問2		問3	

Answers

答えをチェックしましょう。

問1	②	問2	④	問3	②

問1　「（2つのものの）間に」という意味を表す場合には <u>between</u> という前置詞を使います。border（国境）は国と国の間の境界線なので，この前置詞を使うのが適切です。

〈選択肢の和訳〉

× ① ～の後ろの [に]　　○ ② ～の間の [に]

× ③ ～の下の [に]　　× ④ ～の横の [に]

問2　空所の直前には，higher という，形容詞 high の比較級が置かれています。このような比較級の形容詞や副詞のあとで，「～よりも」という意味を表す接続詞は <u>than</u> です。

問3　In the middle of ～は「～の中間に」という意味で，川の場合は「中流に」ということになります。したがって Niagara Falls（ナイアガラの滝）は，Lake Ontario（オンタリオ湖）と Lake Erie（エリー湖）を結ぶ川の真ん中あたりに位置することになります。また，2つ後ろの文で「2つの滝の間にゴート島がある」と説明されていることからも，②が正解だとわかります。

重要な表現 5

「A＋be 動詞＋形容詞の比較級＋than B」は「A は B よりも…だ」

本文の最後の文のように，2つのものを比べて単純に「A は B よりも…だ」と表現する場合は，「A＋be 動詞＋形容詞の比較級＋than B」の形を使います。その違いの程度を数字で示すときは，3～4行目の文のように，形容詞の前にその値と単位を置きます。

The Canadian Falls are larger than the American Falls.　　　　（A は B よりも…だ）

（カナダ滝はアメリカ滝よりも大きい）

Lake Erie is <u>about 100 meters</u> higher than Lake Ontario.（A は B よりも～の差で…だ）

（エリー湖はオンタリオ湖よりも約100メートル高いところにある）

Vocabulary

単語と意味を確認しましょう。

☐ the Niagara River		【名】	ナイアガラ川
☐ run	[rʌ́n]	【動】	〈川などが〉流れる
☐ Lake Erie		【名】	エリー湖
☐ in the south		【熟】	南に
☐ Lake Ontario		【名】	オンタリオ湖
☐ in the north		【熟】	北に
☐ long	[lɔ́(ː)ŋ]	【形】	〈数量を伴って〉～の長さの
☐ between A and B		【熟】	A と B との間の［に］
☐ the U.S.		【名】	アメリカ（合衆国）
☐ meter	[míːtər]	【名】	メートル
☐ higher	[háiər]	【形】	high（高い）の比較級
☐ flow	[flóu]	【動】	流れる
☐ fast	[fǽst]	【副】	速く
☐ in the middle of ～		【熟】	～の中間（地点）に
☐ Niagara Falls		【名】	ナイアガラの滝
☐ American Falls		【名】	アメリカ滝
☐ Canadian Falls		【名】	カナダ滝
☐ Goat Island		【名】	ゴート島
☐ part	[pɑ́ːrt]	【名】	部分
☐ the State of New York		【名】	ニューヨーク州
☐ larger	[lɑ́ːrdʒər]	【形】	large（大きい）の比較級

Unit 7

【 和訳例 】

　ナイアガラ川は南にあるエリー湖から，北にあるオンタリオ湖へと流れている。それは約50キロの長さがあり，アメリカとカナダの間の国境である。エリー湖はオンタリオ湖よりも約100メートル高いところにある。そのため，川はとても速く流れている。その川の中間地点に，ナイアガラの滝と呼ばれる2つの大きな滝がある。それらはアメリカ滝とカナダ滝である。2つの滝の間には，ゴート島と呼ばれる小さな島がある。それはニューヨーク州の一部である。カナダ滝はアメリカ滝よりも大きい。

Listen & Write!

ディクテーションにチャレンジしましょう！

The Niagara River (   ) from Lake Erie

in the south to Lake Ontario in the north. It's about 50

kilometers long and it's a border (   )

the U.S. and Canada. Lake Erie is about 100 meters

5 (   ) than Lake Ontario. So the river

flows very fast. In the middle of the river, there are two

big falls called Niagara Falls. They are the American Falls

and the Canadian Falls. Between the two falls, there is a

small island called Goat Island. It is a (   )

10 of the State of New York. The Canadian Falls are

(   ) than the American Falls.

Read aloud!

音読しましょう！

The Niagara River / runs from Lake Erie / in the south /
ナイアガラ川は　　　　　　エリー湖から流れている　　　　　南にある

to Lake Ontario / in the north. / It's about 50 kilometers long /
オンタリオ湖へと　　　　北にある　　　　　それは約50キロの長さがある

and it's a border / between the U.S. and Canada. / Lake Erie /
そして国境である　　　　アメリカとカナダの間の　　　　　エリー湖は

is about 100 meters higher / than Lake Ontario. / So the river flows /
約100メートル高いところにある　　オンタリオ湖よりも　　そのため，川は流れている

very fast. / In the middle of the river, / there are two big falls /
とても速く　　　　その川の中間地点に　　　　2つの大きな滝がある

called Niagara Falls. / They are the American Falls /
ナイアガラの滝と呼ばれる　　　　それらはアメリカ滝である

and the Canadian Falls. / Between the two falls, / there is a small
そしてカナダ滝である　　　　2つの滝の間には　　　　小さな島がある

island / called Goat Island. / It is a part / of the State of New York. /
ゴート島と呼ばれる　　　それは一部である　　　ニューヨーク州の

The Canadian Falls / are larger / than the American Falls.
カナダ滝は　　　　　大きい　　　アメリカ滝よりも

Unit 7

読む時間　目標　**1分46秒**　1回目 ────── 2回目 ────── 3回目 ──────

解く時間　　　　**4分**

Let's read!

次の英文を読み，あとの設問に答えなさい。

　　Yesterday a young teacher from Australia came to our English class. She told us about herself and her country, and we asked her some questions. After that, she asked us a lot of questions about Japan. But we could answer only some of

5 (1)them, because we didn't know much about our own country.

　　I know that English is useful because we can talk with visitors to Japan who speak English. But from the experience I had yesterday, I'd like to say that knowing more about our country and culture is also important. If we know more about

10 (2)them, we can talk more about Japan in English.

(福島県)

Questions

問1　下線部 (1) が指しているものを本文中の表現で書きなさい。

問2　下線部 (2) が指しているものを本文中の表現で書きなさい。

問3　本文の内容と合っていないものを選びなさい。

① 新しくやってきた先生は私たちに日本について多くの質問をした。

② 生徒たちは日本のことをあまり知らず，先生の質問にいくつかしか答えられなかった。

③ 英語を話す日本への訪問者と話をすることができるので，英語は便利だと筆者は感じている。

④ 筆者は自分の国について知ることのほうが，英語を学ぶよりはるかに重要だと気づいた。

解答欄

問1	
問2	
問3	

Answers

答えをチェックしましょう。

問1	(a lot of) questions (about Japan)	
問2	(our) country and culture	
問3	④	

問1 代名詞 them には前に出てきた複数名詞や，and などを使って 2 つ以上並べられている名詞を指す働きがあります。この them は前文の questions を指しています。また，設問に「本文から 1 語で抜き出しなさい」という指示がない場合，名詞を説明する修飾語句も一緒に抜き出し，a lot of questions about Japan のように解答することもできます。

問2 問 1 と同様に考えます。この them は前文の country and culture を指しています。名詞を説明する修飾語句も一緒に抜き出し，our country and culture としても正解です。

問3 本文では「自分の国について知ることのほうが英語を学ぶよりはるかに重要だ」のような，どちらのほうが重要かという比較は行われていません。よって，④が正解となります。①は 3 〜 4 行目，②は 4 〜 5 行目，③は 6 〜 7 行目に一致する内容です。

重要な表現 6

ask A（人） B（物） は，「A（人）に B（物）を尋ねる」

ask は「尋ねる」という意味の動詞ですが，3 行目の we asked her some questions では，ask A（人） B（物） で，「A（人）に B（物）を尋ねる」の形で使われています。このように動詞のあとに「A（人） B（物）」を並べて使う動詞には，give A B（A（人）に B（物）を与える），teach A B「A（人）に B（物）を教える」，lend A B（A（人）に B（物）を貸す），send A B（A（人）に B（物）を送る）などがあります。

Vocabulary

単語と意味を確認しましょう。

☐ young	[jʌ́ŋ]	【形】	若い
☐ teacher	[tíːtʃər]	【名】	先生
☐ Australia	[ɔ(ː)stréiljə]	【名】	オーストラリア
☐ came	[kéim]	【動】	come（来る）の過去形
☐ English	[íŋgliʃ]	【形】	英語の
☐ told	[tóuld]	【動】	tell（話す）の過去・過去分詞形
☐ tell A（人）about B（物）		【熟】	B について A に話す
☐ herself	[həːrsélf]	【代】	彼女自身
☐ ask A（人）B（物）		【熟】	A に B を尋ねる
☐ question	[kwéstʃən]	【名】	質問
☐ after ～	[ǽftər]	【前】	～のあとに
☐ a lot of ～		【熟】	たくさんの～
☐ could ...	[kəd]	【助】	can（…できる）の過去形
☐ answer	[ǽnsər]	【動】	答える

☐ only ～	[óunli]	【副】	ほんの～だけ
☐ because ...	[bikɔ́ːz]	【接】	…なので
☐ much	[mʌ́tʃ]	【名】	多量，たくさん
☐ useful	[júːsfl]	【形】	役に立つ，有益な
☐ talk with ～		【熟】	～と話をする
☐ visitor	[vízətər]	【名】	訪問者
☐ experience	[ikspíəriəns]	【名】	経験
☐ I'd like to ...		【熟】	…したいと思う〈I'd = I would〉
☐ say	[séi]	【動】	言う
☐ more	[mɔ́ːr]	【名】	もっと多くのこと
☐ culture	[kʌ́ltʃər]	【名】	文化
☐ important	[impɔ́ːrtənt]	【形】	重要な
☐ if ...	[if]	【接】	もしも…ならば
☐ in English		【熟】	英語で

Unit 8

和訳例

　昨日，オーストラリア出身の若い先生が私たちの英語の授業にやってきた。彼女は私たちに，彼女自身と彼女の国について話してくれて，私たちは彼女にいくつかの質問をした。そのあとで，彼女は私たちに日本についての多くの質問をした。しかし，私たちは，私たち自身の国についてあまり多くのことを知らなかったので，私たちが答えることができたのは，そのうちのいくつかだけだった。

　私は，英語を話す日本への訪問者と話をすることができるので，英語は便利だということをわかっている。しかし，私が昨日した経験から，私たちの国や文化についてより多くのことを知ることもまた重要だと私は言いたい。もし私たちがそれらについてより多くのことを知っていれば，私たちは英語で日本についてより多くのことを話すことができる。

Listen & Write!

ディクテーションにチャレンジしましょう！

Yesterday a young teacher (   ) Australia came to our English class. She told us about herself and her country, and we asked her some questions. After that, she asked us a (   ) of questions about Japan. But
5 we could answer only some of them, because we didn't know (   ) about our own country.

I know that English is useful because we can talk with visitors to Japan (   ) speak English. But from the experience I had yesterday, I'd like to say that
10 (   ) more about our country and culture is also important. If we know more about them, we can talk more about Japan in English.

Read aloud!

音読しましょう！

Yesterday / a young teacher / from Australia / came to our
昨日　　　　　　　若い先生が　　　　　　オーストラリア出身の　　　　私たちの

English class. / She told us / about herself / and her country, /
英語の授業にやってきた　彼女は私たちに話してくれた　　彼女自身について　　　そして彼女の国について

and we asked her / some questions. / After that, / she asked us /
そして私たちは彼女に尋ねた　　いくつかの質問を　　　　そのあとで　　　彼女は私たちに尋ねた

a lot of questions / about Japan. / But we could answer /
多くの質問を　　　　　　日本についての　　　しかし，私たちは答えることができた

only some of them, / because we didn't know / much about our
そのうちのいくつかだけ　　　　私たちは知らなかったので　　　私たち自身の国について

own country. /
多くのことを

I know / that English is useful / because we can talk /
私はわかっている　英語は便利だということを　　私たちは話をすることができるので

with visitors to Japan / who speak English. / But from the
日本への訪問者と　　　　　　英語を話す　　　　しかし経験から

experience / I had yesterday, / I'd like to say / that knowing more /
私が昨日した　　　　私は言いたい　　より多くのことを知ることが

about our country and culture / is also important. / If we know /
私たちの国や文化について　　　　もまた重要だと　　もし私たちが知っていれば

more about them, / we can talk / more about Japan / in English.
それらについてより多くのことを　私たちは話すことができる　日本についてより多くのことを　　英語で

Listen & Write! （前ページの解答）

Yesterday a young teacher (**from**) Australia came to our English class. She told us about herself and her country, and we asked her some questions. After that, she asked us a (**lot**) of questions about Japan. But we could answer only some of them, because we didn't know (**much**) about our own country.

I know that English is useful because we can talk with visitors to Japan (**who**) speak English. But from the experience I had yesterday, I'd like to say that (**knowing**) more about our country and culture is also important. If we know more about them, we can talk more about Japan in English.

 Let's read!

次の英文を読み，あとの設問に答えなさい。

Have you ever thought about body language? We often send messages with body language instead of words. It is important to learn about body language.

If we don't have enough knowledge about body language, 5 it may be (1) to understand people from other cultures. For example, some people from abroad may put their hands on their chests when they mean "Me?" We don't usually do this in Japan. When we use body language to say "Come here," people from other countries may think it means "Go away."

10 From these two examples, you will learn that (2).

Do you know any other examples?

(山口県)

 **Questions**

問1 空所 (1) に入れるのに最も適切な語を選びなさい。

① interesting ② difficult ③ easy ④ useful

問2 空所 (2) に入れるのに最も適切な文を選びなさい。

① we can talk to other people without body language

② we always use the same body language in different countries

③ body language is not as important as words

④ body language is sometimes different in different countries

問3 筆者は，body language はどのような働きをしていると述べていますか。次の中から最も適切なものを選びなさい。

① 違う国の人とでも簡単にわかり合えるようにする働き。

② 言葉と違った意味を添える働き。

③ 言葉の代わりに言いたいことを伝える働き。

④ 言葉の意味を打ち消す働き。

解答欄

問1		問2		問3	

Answers

答えをチェックしましょう。

問1	②	問2	④	問3	③

問1 この文では，ボディーランゲージを理解しなければ，異なる文化を持つ人々とのコミュニケーションにおいて誤解が生じる，つまり相手を理解することが「難しい」と述べられています。文全体の内容から，意味がふさわしい形容詞を選びましょう。

〈選択肢の和訳〉

× ① 興味深い　　○ ② 難しい

× ③ 簡単な　　× ④ 役に立つ

問2 第1段落では，人と人とのコミュニケーションにおいて，ボディーランゲージを理解することの重要性について述べられています。したがって，①は本文と矛盾します。また，第2段落では，国によってボディーランゲージが異なる例が述べられているので②も不適切です。また，ボディーランゲージと言葉を比較してはいないので，③も当てはまりません。したがって，第2段落の内容と合った④を選びます。

〈選択肢の和訳〉

× ① 私たちはボディーランゲージなしで他の人々と話をすることができる

× ② 私たちは異なる国々でも常に同じボディーランゲージを使う

× ③ ボディーランゲージは言葉ほど重要ではない

○ ④ ボディーランゲージは異なる国々では時に異なる

問3 1～2行目に「私たちはよく，言葉の代わりにボディーランゲージを使ってメッセージを送る」とあります。この部分が③の選択肢と一致します。instead of ～は「～の代わりに」という意味の熟語です。

重要な表現 7

助動詞は，「助動詞＋動詞の原形」で使う

第2段落の第1文，第2文，第4文では，それぞれに may という**助動詞**が使われています。助動詞は「**助動詞＋動詞の原形**」の形で使い，動詞に意味を付け加える働きをします。may は「…してもよい」という意味のほか，本文で使われているように，「…かもしれない」という意味を表します。助動詞にはこのほかに can（…できる），should（…すべきだ，…したほうがよい），must（…しなければならない，…に違いない）などがあります。

Vocabulary

単語と意味を確認しましょう。

☐ ever	[évər]	【副】	〈疑問文に用いて〉かつて，これまでに
☐ thought	[θɔ́:t]	【動】	think（考える）の過去・過去分詞形
☐ body language		【名】	ボディーランゲージ
☐ often	[ɔ́:fən, ɔ́:ftən]	【副】	よく，しばしば
☐ send	[sénd]	【動】	送る
☐ message	[mésidʒ]	【名】	メッセージ
☐ instead of ～		【熟】	～の代わりに
☐ word	[wə́:rd]	【名】	言葉，単語
☐ enough	[inʌ́f]	【形】	十分な
☐ may ...	[méi]	【助】	…かもしれない
☐ understand	[ʌ̀ndərstǽnd]	【動】	理解する
☐ for example		【熟】	例えば
☐ some	[səm]	【形】	一部の，ある
☐ put	[pút]	【動】	置く
☐ hand	[hǽnd]	【名】	手
☐ chest	[tʃést]	【名】	胸
☐ when ...	[hwén]	【接】	…（する）ときに
☐ mean	[mí:n]	【動】	意味する，つもりで言う
☐ usually	[júːʒuəli]	【副】	普通は
☐ come	[kʌ́m]	【動】	来る
☐ here	[híər]	【副】	こちらへ
☐ go	[góu]	【動】	行く
☐ away	[əwéi]	【副】	向こうへ
☐ example	[igzǽmpəl]	【名】	例
☐ sometimes	[sʌ́mtàimz]	【副】	時には

Unit 9

和訳例

　あなたはこれまでにボディーランゲージについて考えたことがあるだろうか。私たちはよく，言葉の代わりにボディーランゲージを使ってメッセージを送る。ボディーランゲージについて学ぶことは重要だ。

　もし私たちがボディーランゲージについて十分な知識を持っていなければ，異なる文化圏の人たちを理解することは難しいかもしれない。例えば，外国出身のある人たちは，「私のこと？」と意味するときに自分の手を，自分の胸に置くかもしれない。日本では私たちは普通このようなことはしない。私たちが「こっちに来て」と言うためにボディーランゲージを使うとき，外国から来た人たちは，それは「あっちへ行け」を意味すると思うかもしれない。

　これらの2つの例から，ボディーランゲージは異なる国々では時に異なるとあなたはわかるだろう。

　あなたは何か他の例を知っているだろうか。

Listen & Write!

ディクテーションにチャレンジしましょう！

Have you ever thought about body language? We ( ) send messages with body language instead of words. It is important to learn about body language.

If we don't have ( ) knowledge about
5 body language, it may be difficult to understand people from other cultures. For ( ), some people from abroad may put their hands on their chests when they mean "Me?" We don't ( ) do this in Japan. When we use body language to say "Come here," people from
10 other countries may think it means "Go away."

From these two examples, you will learn that body language is ( ) different in different countries.

Do you know any other examples?

 **Read aloud!**
音読しましょう！

Have you ever thought / about body language? / We often /
あなたはこれまでに考えたことがあるだろうか　　ボディーランゲージについて　　　　私たちはよく

send messages / with body language / instead of words. /
　メッセージを送る　　　　　ボディーランゲージを使って　　　　言葉の代わりに

It is important / to learn / about body language. /
　　重要だ　　　　学ぶことは　　ボディーランゲージについて

If we don't have / enough knowledge / about body language, /
もしも私たちが持っていなければ　　十分な知識を　　　　ボディーランゲージについて

it may be difficult / to understand people from other cultures. /
　難しいかもしれない　　　　　　　異なる文化圏の人たちを理解することは

For example, / some people / from abroad / may put their hands /
　　例えば　　　　　ある人たちは　　　外国出身の　　　　自分の手を置くかもしれない

on their chests / when they mean / "Me?" / We don't usually do this /
　自分の胸に　　　　彼らが意味するときに　「私のこと?」と　　私たちは普通このようなことをしない

in Japan. / When we use / body language / to say / "Come here," /
　日本では　　　私たちが使うとき　　ボディーランゲージを　　言うために　　「こっちに来て」と

people from other countries may think / it means / "Go away." /
　　外国から来た人たちは思うかもしれない　　　　それは意味する　　「あっちへ行け」と

From these two examples, / you will learn / that body language /
　　これらの2つの例から　　　　あなたはわかるだろう　　　ボディーランゲージは

is sometimes different / in different countries. /
　　時に異なると　　　　　　異なる国々では

Do you know / any other examples?
あなたは知っているだろうか　　何か他の例を

Listen & Write! (前ページの解答)

　Have you ever thought about body language?　We (**often**) send messages with body language instead of words.　It is important to learn about body language.

　If we don't have (**enough**) knowledge about body language, it may be difficult to understand people from other cultures.　For (**example**), some people from abroad may put their hands on their chests when they mean "Me?"　We don't (**usually**) do this in Japan.　When we use body language to say "Come here," people from other countries may think it means "Go away."

　From these two examples, you will learn that body language is (**sometimes**) different in different countries.

　Do you know any other examples?

Unit 9

📖 読む時間　目標　1分59秒

✏️ 解く時間　　　2分

1回目 —————　2回目 —————　3回目 —————

Let's read!

次の英文を読み，あとの設問に答えなさい。

Eri : Hi, Tom. What do you have in your hand?

Tom : Hello, Eri. This is a map of my trip with Ken. Tomorrow I will talk about the trip in our English class. I'm going to show this map to everyone.

5　Eri : Oh, I see. Can I (1) the map?

Tom : Sure. Please.

Eri : Wow! Did you go to Hokkaido?

Tom : Yes. We went there this summer. First we went to Sapporo (2) plane. Then we rode our bicycles there

10　and traveled around Hokkaido.

Eri : That's interesting. (3) (4) were you in Hokkaido?

Tom : Seventeen days. We saw many beautiful things. There were some beautiful cranes in Kushiro.

Eri : Oh, that's wonderful. You really had a nice trip.

(広島県)

Questions

問1　空所 (1) に入れるのに最も適切な語句を選びなさい。

① look at　　　② depend on　　　③ hear of　　　④ go out of

問2　空所 (2) に入れるのに最も適切な語を選びなさい。

① on　　　② by　　　③ in　　　④ at

問3　空所 (3) と (4) に入れるのに最も適切な語を書きなさい。

解答欄

問1			問2	
問3	(3)		(4)	

Answers

答えをチェックしましょう。

問1		①	問2		②
問3	(3)	How		(4)	long

問1　それぞれの重要熟語の意味を確認しましょう。空所の直後に続く名詞が the map（地図）なので，look at（〜を見る）が最も適切です。

　〈選択肢の和訳〉
　　　○ ① 〜を見る
　　　× ② 〜に頼る
　　　× ③ 〜について聞く
　　　× ④ 〜の外に出る

問2　列車やバス，飛行機などの「交通機関」を利用する場合に，「〜によって」という意味を表すときには by plane [train, car] のように，by という前置詞を使います。その場合，交通機関を表す名詞には冠詞（a [an] / the）を付けないことに注意しましょう。

問3　この質問の返事となる次の文では，Seventeen days. と「期間の長さ」が述べられていることから，質問の文は，How long（どれくらい長く）という，期間を問う形を使いましょう。このような会話の問題では，相手の返事から問いかけの文の内容を考えることが大切です。

重要な表現 8

未来を表す「will＋動詞の原形」と「be going to＋動詞の原形」

　2行目から始まる文，Tomorrow I will talk about the trip in our English class.（明日，僕は英語の授業で，その旅行について話すんだ）の「will＋動詞の原形」（…するつもりだ）と，その次の文 I'm going to show this map to everyone.（僕はこの地図をみんなに見せる予定なんだ）の「be going to＋動詞の原形」（…する予定だ）は，未来を表す表現です。基本的に言いかえができますが，その場で思いついて決めたことには will を，前から予定していたことには be going to をよく使います。

Vocabulary

単語と意味を確認しましょう。

☐ have	[hǽv]	【動】	持っている
☐ map	[mǽp]	【名】	地図
☐ will ...	[wíl]	【助】	…するつもりだ
☐ English class		【名】	英語の授業
☐ be going to ...		【熟】	…する予定だ
☐ everyone	[évriwÀn]	【代】	みんな
☐ look at ～		【熟】	～を見る
☐ sure	[ʃúər]	【副】	〈依頼・質問の返事として〉いいですとも
☐ go to ～		【熟】	～へ行く
☐ summer	[sʌ́mər]	【名】	夏
☐ first	[fə́:rst]	【副】	まず最初に
☐ by plane		【熟】	飛行機で
☐ then	[ðén]	【副】	それから，その後
☐ rode	[róud]	【動】	ride（乗る）の過去形
☐ bicycle	[báisikəl]	【名】	自転車
☐ travel	[trǽvəl]	【動】	旅行する
☐ around ～	[əráund]	【前】	～のあちこちを［に］
☐ interesting	[íntərəstiŋ]	【形】	おもしろい
☐ how long ...?		【熟】	どのくらい長く…？
☐ saw	[sɔ́:]	【動】	see（見る）の過去形
☐ beautiful	[bjú:təfəl]	【形】	美しい
☐ crane	[kréin]	【名】	ツル
☐ wonderful	[wʌ́ndərfəl]	【形】	すばらしい
☐ really	[rí:əli]	【副】	本当に
☐ nice	[náis]	【形】	よい

Unit 10

和訳例

　Eri：こんにちは，トム。あなたは手の中に何を持っているの。

Tom：やあ，エリ。これは，ケンとの旅行の地図だよ。明日，僕は英語の授業で，その旅行について話すんだ。僕はこの地図をみんなに見せる予定なんだ。

　Eri：あら，そうなの。その地図を見てもいい？

Tom：もちろん。どうぞ。

　Eri：わあ！　あなたたちは北海道に行ったの？

Tom：そうだよ。僕らは今年の夏にそこに行ったんだ。最初，僕らは飛行機で札幌に行ったんだ。それから，僕らは自分たちの自転車にそこで乗って，北海道中を旅行したんだ。

　Eri：それはおもしろいわ。あなたたちは北海道にどれくらいの間いたの？

Tom：17 日間だよ。僕らはたくさんのきれいなものを見たよ。釧路には何羽かのきれいなツルがいたよ。

　Eri：まあ，すばらしいわ。本当に楽しい旅行をしたのね。

Listen & Write!

ディクテーションにチャレンジしましょう！

Eri : Hi, Tom. What do you have in your hand?

Tom : Hello, Eri. This is a map of my trip with Ken.

(   ) I will talk about the trip in our

English class. I'm (   ) to show this map

5　to everyone.

Eri : Oh, I see. Can I look at the map?

Tom : (   ). Please.

Eri : Wow! Did you go to Hokkaido?

Tom : Yes. We went there this summer. First we went to

10　Sapporo by plane. Then we rode our bicycles there and

traveled around Hokkaido.

Eri : That's (   ). How long were

you in Hokkaido?

Tom : Seventeen days. We saw many beautiful things. There

15　were some beautiful cranes in Kushiro.

Eri : Oh, that's wonderful. You (   ) had a

nice trip.

Read aloud!

音読しましょう！

Eri : Hi, Tom. / What do you have / in your hand? /
こんにちは, トム　あなたは何を持っているの　手の中に

Tom : Hello, / Eri. / This is a map / of my trip / with Ken. / Tomorrow /
やあ　エリ　これは地図だよ　僕の旅行の　ケンとの　明日

I will talk / about the trip / in our English class. / I'm going to show /
僕は話すんだ　その旅行について　僕たちの英語の授業で　僕は見せる予定なんだ

this map / to everyone. /
この地図を　みんなに

Eri : Oh, I see. / Can I look / at the map? /
あら, そうなの　見てもいい　その地図を

Tom : Sure. / Please. /
もちろん　どうぞ

Eri : Wow! / Did you go / to Hokkaido? /
わあ　あなたたちは行ったの　北海道に

Tom : Yes. / We went there / this summer. / First / we went to Sapporo /
そうだよ　僕らはそこに行ったんだ　今年の夏に　最初　僕らは札幌に行ったんだ

by plane. / Then / we rode / our bicycles / there / and traveled /
飛行機で　それから　僕らは乗った　自分たちの自転車に　そこで　そして旅行したんだ

around Hokkaido. /
北海道中を

Eri : That's interesting. / How long / were you / in Hokkaido? /
それはおもしろいわ　どのくらいの間　あなたちはいたの　北海道に

Tom : Seventeen days. / We saw / many beautiful things. / There were /
17日間だよ　僕らは見た　たくさんのきれいなものを　いた

some beautiful cranes / in Kushiro. /
何羽かのきれいなツルが　釧路には

Eri : Oh, that's wonderful. / You really had / a nice trip.
まあ, すばらしいわ　本当にしたのね　楽しい旅行を

Unit 10

Listen & Write! (前ページの解答)

Eri : Hi, Tom. What do you have in your hand?

Tom : Hello, Eri. This is a map of my trip with Ken. (**Tomorrow**) I will talk about the trip in our English class. I'm (**going**) to show this map to everyone.

Eri : Oh, I see. Can I look at the map?

Tom : (**Sure**). Please.

Eri : Wow! Did you go to Hokkaido?

Tom : Yes. We went there this summer. First we went to Sapporo by plane. Then we rode our bicycles there and traveled around Hokkaido.

Eri : That's (**interesting**). How long were you in Hokkaido?

Tom : Seventeen days. We saw many beautiful things. There were some beautiful cranes in Kushiro.

Eri : Oh, that's wonderful. You (**really**) had a nice trip.

Unit **11**

英文の長さ **110**words

	50	100	150	200

読む時間　目標　**1分50秒**
解く時間　　　　**5分**

1回目	2回目	3回目
————	————	————

Let's read!

次の英文は，ジロウが書いた1分間スピーチの原稿です。こ
れを読んで，あとの設問に答えなさい。

　When we have something to tell someone who lives far
away, what do we do? We call or write a letter. Which is
easier for us? Probably calling is easier. When we write a
letter, we need several things, such as a pen, some sheets of
5 paper and sometimes a dictionary. On the other hand, when
we call, we don't need anything special and we only need to
speak. So it's very easy to call people.

　But we should write letters sometimes. Before we write,
we need to think of a lot of things to express our ideas or
10 feelings well. <u>This</u> is very important. Let's write letters more
often.

(福島県)

 **Questions**

問1 本文の内容に合うように，次の質問に英語で答えなさい。

Which is more difficult in Jiro's opinion, calling or writing a letter?

問2 下線部 This が指している内容を日本語でまとめなさい。

問3 次の英文は，ジロウがこのスピーチの原稿を書いたときのメモです。空所 (1) と (2) に入れるのに最も適切な語を，下の①〜⑥の中から１つずつ選びなさい。

☐ Which is easier, calling or writing a letter?
☐ We need (1) special when we call.
☐ We need several things when we write a letter.
☐ Writing a letter gives us a good (2) to think a lot.

① anything　② paper　③ nothing　④ many　⑤ chance　⑥ much

解答欄

問1			
問2			
問3	(1)		(2)	

Answers

答えをチェックしましょう。

問1	Writing a letter is (more difficult than calling).		
問2	（手紙を）書く前に，自分たちの考えや感情をうまく表現するために，いろいろなことを考えること。		
問3	(1)	③	(2)	⑤

問1 2〜3行目の Which is easier for us?「（電話をするのと手紙を書くのとでは）どちらが私たちにとってより簡単だろうか」という疑問に対して，その次の文で「たぶん，電話をかけるほうが簡単だ」と答えています。つまり，「手紙を書くほう（が電話をするよりも難しい）」が正解となります。

〈質問の和訳〉

　ジロウの意見では，電話をするのと手紙を書くのとでは，どちらがより難しいですか。

問2 this には前の文（の一部）を指す働きがあります。したがって，この This は Before we write, we need to think of a lot of things to express our ideas or feelings well. を指しているので，その部分を日本語でまとめます。「Before ＋主語＋動詞」（〜が…する前に），think of 〜（〜を考える），a lot of 〜（たくさんの〜），to express our ideas or feelings（自分たちの考えや感情を表現するために），well（うまく）などの表現に気をつけましょう。

問3 (1) 5〜6行目に「電話をするとき，私たちは特別なものを何も必要とせず」とあるので，③ nothing（何も…ない）が入るとわかります。

　　(2) 8〜10行目に「私たちは書く前に，自分たちの考えや感情をうまく表現するために，いろいろなことを考える必要がある。これは非常に重要だ」とあるので，手紙を書くということが，私たちにたくさん考えるためのよい⑤ chance（機会）を与えてくれるとわかります。

〈メモの和訳〉

　□ 電話をするのと手紙を書くのとでは，どちらがより簡単か。

　□ 電話をするとき，私たちは特別なものを（何も）必要と（しない）。

　□ 手紙を書くとき，私たちはいくつかのものを必要とする。

　□ 手紙を書くことは私たちにいろいろなことを考えるよい（機会）を与えてくれる。

　　① 何でも　　　　　② 紙　　　③ 何も…ない

　　④ たくさんの［数］　　⑤ 機会　　⑥ たくさんの［量］

Vocabulary

単語と意味を確認しましょう。

□ when ...	[hwén]	【接】	…（する）ときに
□ something	[sʌ́mθìŋ]	【代】	何か
□ tell	[tél]	【動】	話す
□ someone	[sʌ́mwʌ̀n]	【代】	誰か
□ far away		【熟】	遠くに離れて
□ what	[hwʌ́t]	【代】	何
□ call	[kɔ́:l]	【動】	電話をする, 呼ぶ
□ write	[ráit]	【動】	書く
□ letter	[létər]	【名】	手紙
□ which	[hwítʃ]	【代】	どちら
□ easier	[í:ziər]	【形】	easy（簡単な）の比較級
□ probably	[prɑ́bəbəli]	【副】	たぶん
□ need	[ní:d]	【動】	必要とする
□ several	[sévərəl]	【形】	いくつかの
□ A(,) such as B		【熟】	例えば B のような A
□ pen	[pén]	【名】	ペン
□ sheets of paper		【名】	何枚かの紙

□ dictionary	[díkʃənèri]	【名】	辞書
□ on the other hand		【熟】	一方で
□ anything	[éniθìŋ]	【代】	〈否定文で〉何も
□ special	[spéʃəl]	【形】	特別な
□ only	[óunli]	【副】	ただ…だけ
□ need to ...		【熟】	…する必要がある
□ so ...	[sóu]	【接】	だから…
□ should ...	[ʃúd]	【助】	…すべき
□ before ...	[bifɔ́:r]	【接】	…する前に
□ think of ~		【熟】	～のことを考える
□ express	[iksprés]	【動】	表現する
□ idea	[aidí:ə]	【名】	考え
□ feeling	[fí:liŋ]	【名】	感情, 気持ち
□ well	[wél]	【副】	うまく, 上手に
□ often	[ɔ́:fən, ɔ́:ftən]	【副】	よく, ひんぱんに

和訳例

　私たちが遠くに住んでいる誰かに伝えるべき何かを持っているとき，私たちは何をするだろうか。私たちは電話をしたり，あるいは手紙を書いたりする。どちらが私たちにとってより簡単だろうか。たぶん，電話をするほうが簡単だ。私たちが手紙を書くとき，私たちは，ペンや何枚かの紙や，時には辞書など，いくつかのものを必要とする。一方で，私たちが電話をするとき，私たちは特別なものを何も必要とせず，私たちはただ話すことを必要とするだけだ。だから人に電話をすることはとても簡単だ。

　しかし，私たちは手紙をときどきは書くべきだ。私たちは書く前に，自分たちの考えや気持ちをうまく表現するために，いろいろなことを考える必要がある。これは非常に重要だ。もっとひんぱんに手紙を書こう。

Unit 11

Listen & Write!

ディクテーションにチャレンジしましょう！

When we have (   ) to tell someone

who lives far away, what do we do? We call or write a letter.

Which is easier for us? Probably calling is easier. When

we write a letter, we need several things, (   )

5 as a pen, some sheets of paper and sometimes a

dictionary. On the other hand, when we call, we don't need

(   ) special and we only need to speak.

So it's very easy to call people.

But we (   ) write letters sometimes.

10 Before we write, we need to think of a lot of things to express

our ideas or feelings well. This is very important. Let's write

letters more (   ).

Read aloud!

音読しましょう！

When we have something / to tell someone / who lives far
私たちが何かを持っているとき　　　　　誰かに伝えるべき　　　　遠くに住んでいる

away, / what do we do? / We call / or write a letter. / Which is easier /
私たちは何をするだろうか　　私たちは電話をする　　あるいは手紙を書く　　どちらがより簡単だろうか

for us? / Probably / calling is easier. / When we write a letter, /
私たちにとって　　たぶん　　電話をするほうが簡単だ　　　私たちが手紙を書くとき

we need / several things, / such as a pen, / some sheets of paper /
私たちは必要とする　　いくつかのものを　　ペンや　　　　何枚かの紙や

and sometimes / a dictionary. / On the other hand, / when we call, /
時には　　　辞書などを　　　　一方で　　　私たちが電話をするとき

we don't need / anything special / and we only need / to speak. /
私たちは必要としない　　特別なものを何も　　そして私たちはただ必要とするだけだ　　話すことを

So it's very easy / to call people. /
だからとても簡単だ　　人に電話をすることは

But we should write / letters sometimes. / Before we write, /
しかし，私たちは書くべきだ　　手紙をときどきは　　　　私たちは書く前に

we need to think of / a lot of things / to express our ideas or feelings /
考える必要がある　　　いろいろなことを　　　私たちの考えや気持ちを表現するために

well. / This is / very important. / Let's write letters / more often.
うまく　　これは　　非常に重要だ　　手紙を書こう　　もっとひんぱんに

Unit 11

73

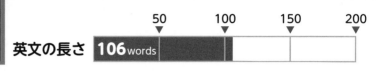

Unit **12**

英文の長さ **106** words

| | 50 | 100 | 150 | 200 |

読む時間　目標　1分46秒

解く時間　　　　3分

1回目 ——————　2回目 ——————　3回目 ——————

Let's read!

次の英文を読み，あとの設問に答えなさい。

　　Tim came to Japan last September for the first time. He loves animals and has been to several Japanese zoos (1) last year. One day he learned something interesting about penguins. There are about 2,500 penguins in Japan. That is
5 25% of all the penguins in zoos around the world. Japan has the most penguins of any country. Why are there so many penguins in Japan? Tim thinks there are many penguins in Japan because Japanese people like cute animals, and penguins are cute. He knew that penguins were very (2) in
10 Japan, but he didn't know that Japan has more penguins than any other country.

(千葉県)

(注) penguin：ペンギン

74

Questions

問1 空所 (1) に入れるのに最も適切な語を選びなさい。
① before　　② since　　③ at　　④ till

問2 空所 (2) に入れるのに最も適切な語を選びなさい。
① free　　② large　　③ popular　　④ useful

問3 本文の内容と一致するものを1つ選びなさい。
① ティムは日本に何度か来たことがある。
② 日本はどの国よりもペンギンを手に入れるのに苦労している。
③ 日本には，世界の動物園で飼育されているペンギンの約4分の1がいる。
④ 日本人はペンギンよりかわいい動物はいないと考えている。

解答欄

問1		問2		問3	

Answers

答えをチェックしましょう。

問1	②	問2	③	問3	③

問1 空所の前の has been to several Japanese zoos がヒント。現在完了形でよく使われる「have[has]＋過去分詞 … since ～」（～以来…したことがある）の形だとわかるので，②が正解です。現在完了形を使った「have[has] been to ～」（～へ行ったことがある）はよく使われる表現なので覚えておきましょう。

〈選択肢の和訳〉

　×① ～前に　　〇② ～以来，～から　　×③ ～に　　×④ ～まで

問2 7行目以降の「日本人はかわいい動物が好きで，ペンギンがかわいいから，日本には多くのペンギンがいるのだとティムは考えている。彼はペンギンが日本でとても（　　　）ということは知っていたが，日本が他のどの国よりも多くのペンギンを持っていることは知らなかった」という文の意味から，「ペンギンは<u>人気がある</u>」と考えることができます。したがって③が正解です。

〈選択肢の和訳〉

　×① 自由な　　×② 大きい　　〇③ 人気がある　　×④ 役立つ

問3 　×① 1行目の「ティムは昨年の9月に初めて日本にやってきた」から，間違いだとわかります。重要表現 <u>for the first time（初めて）</u> を覚えておきましょう。

　　　　×② 5～6行目に「日本はあらゆる国の中で最も多くのペンギンを持っている」とあり，ペンギンを手に入れるための苦労については書かれていません。

　　　　〇③ 4～5行目の「それ（＝日本にいる約2,500羽のペンギン）は世界中の動物園にいるすべてのペンギンのうちの25パーセントである」から，「25パーセント＝4分の1」と計算できるので，これが正解です。

　　　　×④ 本文にこのような内容は書かれていません。

重要な表現⑨

「have[has]been to ～」は「～へ行ったことがある」

1～3行目の He … has been to several Japanese zoos since last year. の has been to ～は，「～へ行ったことがある」という，「経験」を表す現在完了形の表現です。また，現在完了形の文で，「昨年<u>から</u>」のように，始点を示すときには since（～から，～以来）を使います。

Vocabulary

単語と意味を確認しましょう。

☐ came	[kéim]	【動】	come（来る）の過去形
☐ come to ～		【熟】	～に来る
☐ last	[lǽst]	【形】	〈時を表す名詞の前に用いて〉前の，昨～
☐ September	[septémbər]	【名】	9月
☐ for the first time		【熟】	初めて
☐ love	[lʌ́v]	【動】	大好きである
☐ animal	[ǽnəməl]	【名】	動物
☐ several	[sévərəl]	【形】	いくつかの
☐ zoo	[zúː]	【名】	動物園
☐ since ～	[síns]	【前】	～以来，～から
☐ one day		【熟】	ある日
☐ learn	[lə́ːrn]	【動】	知る
☐ interesting	[íntərəstiŋ]	【形】	おもしろい，興味深い
☐ all	[ɔ́ːl]	【形】	すべての
☐ around the world		【熟】	世界中に［の］
☐ why	[hwái]	【副】	なぜ，どうして
☐ so	[sóu]	【副】	それほど
☐ like	[láik]	【動】	好きである，好む
☐ cute	[kjúːt]	【形】	かわいい
☐ knew	[n(j)úː]	【動】	know（知っている）の過去形
☐ more ... than any other ～		【熟】	他のどんな～よりも多くの…

和訳例

　ティムは昨年の9月に初めて日本にやってきた。彼は動物が大好きで，昨年以来いくつかの日本の動物園へ行ったことがある。ある日，彼はペンギンについておもしろいことを知った。日本には約2,500羽のペンギンがいる。それは世界中の動物園にいるすべてのペンギンのうちの25パーセントである。日本はあらゆる国の中で最も多くのペンギンを持っている。どうして日本にはそれほど多くのペンギンがいるのだろうか。日本人はかわいい動物が好きで，ペンギンはかわいいから，日本には多くのペンギンがいるのだとティムは考えている。彼はペンギンが日本でとても人気があるということを知っていた。しかし，彼は日本が他のどの国よりも多くのペンギンを持っていることを知らなかった。

Unit 12

Listen & Write!

ディクテーションにチャレンジしましょう！

Tim came to Japan last September for the first ( ). He loves animals and has ( ) to several Japanese zoos since last year. One day he learned something interesting about penguins. There are about 2,500

5 penguins in Japan. That is 25% of all the penguins in zoos ( ) the world. Japan has the ( ) penguins of any country. Why are there so many penguins in Japan? Tim thinks there are many penguins in Japan ( ) Japanese people like cute animals, and

10 penguins are cute. He knew that penguins were very popular in Japan, but he didn't know that Japan has more penguins than any other country.

Read aloud!

音読しましょう！

Tim came / to Japan / last September / for the first time. /
ティムはやってきた　　　日本に　　　　昨年の9月に　　　　　　　初めて

He loves animals / and has been / to several Japanese zoos /
彼は動物が大好きで　　　そして行ったことがある　　　　いくつかの日本の動物園へ

since last year. / One day / he learned / something interesting /
昨年以来　　　　　　ある日　　　彼は知った　　　　おもしろいことを

about penguins. / There are / about 2,500 penguins /
ペンギンについて　　　　　　いる　　　　　　約2,500羽のペンギンが

in Japan. / That is 25% / of all the penguins / in zoos /
日本には　　　それは25パーセントである　　すべてのペンギンのうちの　　　　動物園にいる

around the world. / Japan has / the most penguins / of any country. /
世界中の　　　　　　日本は持っている　　　最も多くのペンギンを　　　あらゆる国の中で

Why / are there / so many penguins / in Japan? /
どうして　　　いるのだろうか　　　それほど多くのペンギンが　　　　日本には

Tim thinks / there are many penguins / in Japan /
ティムは考えている　　　多くのペンギンがいるのだと　　　　日本には

because Japanese people / like cute animals, / and penguins
なぜなら日本人は　　　　　　かわいい動物が好きで　　　そしてペンギンは

are cute. / He knew / that penguins were very popular /
かわいいから　　　彼は知っていた　　　ペンギンがとても人気があるということを

in Japan, / but he didn't know / that Japan has more penguins /
日本で　　　　しかし彼は知らなかった　　　日本が多くのペンギンを持っていることを

than any other country.
他のどの国よりも

Unit 12

英文の長さ **106** words

	50	100	150	200
	▼	▼	▼	▼

📖 読む時間 目標 **1分46秒**
✏️ 解く時間 **3分**

1回目	———————	2回目	———————	3回目	———————

 ## Let's read!

次の英文を読み，あとの設問に答えなさい。

Do you like tea?　In Japanese, "tea" usually means green tea.　In English, "tea" usually means black tea.

Have you (　1　) had a cup of black tea?　We call black tea "*kocha*" (　2　) Japanese.　When this word is written in
5 *kanji*, we think it means "red" tea.　You may say, "When I saw *kocha* in my cup, it looked red."　Why isn't it called "red tea" by people (　3　) live in Western countries?　They call *kocha*, "black tea."　This is because the tea-leaves are actually black, not red.

10 　So it is very interesting to learn (　4　) people have different ways of looking at the same thing.

(新潟県)

Questions

問1　空所 (1) に入れるのに最も適切な語を選びなさい。

① never ② forever ③ ever ④ every

問2　空所 (2) に入れるのに最も適切な語を選びなさい。

① on ② by ③ at ④ in

問3　空所 (3) に入れるのに最も適切な語を選びなさい。

① which ② who ③ when ④ whose

問4　空所 (4) に入れるのに最も適切な語を選びなさい。

① that ② what ③ which ④ whom

解答欄

問1		問2		問3		問4	

Unit 13

Answers

答えをチェックしましょう。

問1	③	問2	④	問3	②	問4	①

問1 「Have you（　　）＋過去分詞？」という現在完了形の疑問文であることがヒント。「経験」を尋ねる重要表現「Have you ever＋過去分詞？」（あなたは今までに…したことがありますか）から，③が正解です。

〈選択肢の和訳〉

× ① 決して…ない　　× ② 永遠に　　○ ③ 今までに　　× ④ どれも

問2 「私たちはブラックティーのことを日本語で『紅茶』と呼ぶ」が文の意味です。「in＋言語」で，「言語で」という意味になるので，in Japanese（日本語で）となる④が正解です。また，重要表現 call A B（A を B と呼ぶ）（→ p.22）も覚えておきましょう。

問3 この文は受け身の疑問文です。by 以下は，空所の後ろの live in Western countries（西洋諸国に住む）が空所の前の people（人々）を説明しているので，この2つをつないで「西洋諸国に住む人々」の意味になる関係代名詞を入れます。先行詞は people で，「人（　　　）動詞」の形なので，②の who が正解になります。

問4 この文には it と people という2つの主語があるので，空所には前後の2つの文をつなぐ接続詞が入るとわかります。people 以下の文を learn の目的語と考えて「人々が同じものを見るのに異なる見方を持っているということを知る」とすれば意味が通るので，後ろに文の形を置いて「…ということ」という名詞のカタマリを作る①の that が正解になります。

重要な表現⑩

関係代名詞（主格）

問3で問われている箇所を見てみましょう。

people who live in Western countries（西洋諸国に住む人々）
先行詞　　　後ろから前の名詞（先行詞）を説明

people という名詞に live in Western countries（西洋諸国に住む）という情報を加えるために，people の後ろに関係代名詞 who を置いて，live という動詞とつなげています。これが関係代名詞の主格の用法で，**関係代名詞の直後に動詞が続く**のがポイントです。主格の関係代名詞では，先行詞が人のときは **who**，**物（人以外）のときは which** が使われますが，いずれも **that** も使えます。また，主格の関係代名詞は省略できません。

Vocabulary

単語と意味を確認しましょう。

☐ tea	[tíː]	【名】	茶
☐ in Japanese		【熟】	日本語で
☐ usually	[júːʒuəli]	【副】	普通は
☐ mean	[míːn]	【動】	意味する
☐ green tea		【名】	緑茶
☐ black tea		【名】	紅茶
☐ a cup of 〜		【熟】	一杯の〜
☐ call A B		【熟】	A を B と呼ぶ
☐ written	[rítən]	【動】	write（書く）の過去分詞形
☐ may ...	[méi]	【助】	…かもしれない
☐ saw	[sɔ́ː]	【動】	see（見る）の過去形
☐ look	[lúk]	【動】	…に見える
☐ people	[píːpəl]	【名】	人々
☐ Western countries		【名】	西洋諸国
☐ This is because ...		【熟】	これは…だからである
☐ tea-leaves		【名】	tea-leaf（茶の葉）の複数形
☐ actually	[ǽktʃuəli]	【副】	実際には
☐ so	[sóu]	【接】	だから，そして
☐ interesting	[íntərəstiŋ]	【形】	おもしろい，興味深い
☐ learn	[lə́ːrn]	【動】	知る
☐ different	[dífərənt]	【形】	異なる
☐ way	[wéi]	【名】	やり方
☐ same	[séim]	【形】	同じ

和訳例

　あなたはお茶が好きだろうか。日本語では，「お茶」は普通は緑茶を意味する。英語では「ティー」は普通はブラックティーを意味する。

　あなたは今までに，ブラックティーを飲んだことはあるだろうか。私たちはブラックティーのことを日本語で「紅茶」と呼ぶ。この言葉が漢字で書かれると，私たちはそれが「赤い」お茶を意味すると考える。あなたはこう言うかもしれない。「私のカップの中の紅茶を見たら，赤く見えた」と。なぜそれは西洋諸国に住む人々によって「レッドティー」と呼ばれないのだろうか。彼らは紅茶を「ブラックティー」と呼ぶ。これは，そのお茶の葉が実際には黒くて，赤くはないからだ。

　そして，人々が同じものを見るのに異なる見方を持っているということを知るのは，とてもおもしろいことである。

Unit 13

Do you like tea? In Japanese, "tea" (   )

means green tea. In English, "tea" usually means black tea.

Have you ever had a (   ) of black tea? We

call black tea "*kocha*" in Japanese. When this word is written

5 in *kanji*, we think it means "red" tea. You (   )

say, "When I saw *kocha* in my cup, it looked red." Why isn't

it called "red tea" by people who live in Western countries?

They call *kocha* "black tea." This is (   ) the

tea-leaves are actually black, not red.

10   So it is very interesting to learn that people have different

(   ) of looking at the same thing.

Read aloud!

音読しましょう！

Do you like tea? / In Japanese, / "tea" usually means / green tea. /
あなたはお茶が好きだろうか　　日本語では　　「お茶」は普通は意味する　　緑茶を

In English / "tea" usually means / black tea. /
英語では　　「ティー」は普通は意味する　　ブラックティーを

Have you ever had / a cup of black tea? / We call / black tea /
あなたは今までに飲んだことはあるだろうか　　一杯のブラックティーを　　私たちは呼ぶ　ブラックティーのことを

"kocha" / in Japanese. / When this word is written / in kanji, / we think /
「紅茶」と　　日本語で　　この言葉が書かれると　　漢字で　　私たちは考える

it means / "red" tea. / You may say, / "When I saw / kocha in my cup, /
それが意味すると　　「赤い」お茶を　あなたはこう言うかもしれない　「私が見たとき　　カップの中の紅茶を

it looked red." / Why isn't it called / "red tea" / by people / who live in
それは赤く見えた」　　なぜそれは呼ばれないのだろうか　「レッドティー」と　　人々によって　　西洋諸国に住む

Western countries? / They call kocha / "black tea." / This is because /
彼らは紅茶を呼ぶ　　「ブラックティー」と　　これは…だからだ

the tea-leaves are / actually black, not red. /
そのお茶の葉が　　　実際には黒くて，赤くはない

So / it is very interesting / to learn / that people have /
そして　　とてもおもしろいことである　　知ることは　　人々が持っているということを

different ways / of looking at the same thing.
異なる見方を　　　　　同じものを見るのに

Listen & Write! （前ページの解答）

Do you like tea? In Japanese, "tea" (**usually**) means green tea. In English, "tea" usually means black tea.

Have you ever had a (**cup**) of black tea? We call black tea "kocha" in Japanese. When this word is written in kanji, we think it means "red" tea. You (**may**) say, "When I saw kocha in my cup, it looked red." Why isn't it called "red tea" by people who live in Western countries? They call kocha "black tea." This is (**because**) the tea-leaves are actually black, not red.

So it is very interesting to learn that people have different (**ways**) of looking at the same thing.

Unit 13

Unit 14

英文の長さ 118 words

50 100 150 200

読む時間 目標 1分58秒
解く時間 5分

1回目 ———————— 2回目 ———————— 3回目 ————————

Let's read!

次の英文を読み，あとの設問に答えなさい。

The world is full of interesting (1)<u>places</u> we want to visit. However, it is not easy for us to travel around the world to see them. Some people have enough money and time to go to other countries and others (2)<u>don't</u>. At the moment I can't
5 visit any foreign countries.

But I have found the most interesting thing in the world. It is watching movies. Watching a movie doesn't cost much. At the movies I can visit places I have never visited. Also, I can meet people I have never met before. I can even (3)
10 the moon or live in the future. What a strange experience!

I think movies are small worlds filled with wonderful ideas.

（茨城県）

Questions

問1 下線部 (1) の後ろに 1 語を補うとすれば，どの語が最も適切か，1 つ選びなさい。

① that   ② who   ③ what   ④ when

問2 下線部 (2) の後ろに省略されていると考えられる表現を，文中から 10 語で抜き出しなさい。

問3 空所 (3) に入れるのに最も適切な表現を選びなさい。

① go with   ② go for   ③ go into   ④ go to

問4 本文の内容に合うように，下のそれぞれの英文の空所に入れるのに最も適切な語を書きなさい。

① We (　　　　) lots of interesting places in the world and we want to visit them.

② I am one of the (　　　) who can't go to foreign countries.

③ At the movies I am able to (　　　) the moon.

④ I think that movies (　　　)(　　　) of wonderful ideas.

解答欄

問1		問2							
問3		問4	①		②		③		④

Answers

答えをチェックしましょう。

問1	①	問2	have enough money and time to go to other countries						
問3	④	問4	①	have	②	People	③	visit	④	are full

問1　「名詞＋that＋主語＋動詞」という形で名詞を修飾する関係代名詞 that は，省略することができます。本文では，places <u>that</u> we want が places we want となっていると考えられるので，①が正解です。

問2　don't などの助動詞で文が終わるのは，前文の動詞以降が省略されているときです。したがって，others don't のあとには have enough money and time to go to other countries が省略されているとわかります。前文は Some people から other countries までで，それに others don't という文が接続詞 and でつながれていることを確認しましょう。

問3　空所の前の2つの文は，映画館では「…ができる」という文なので，ここでも，映画を見ることで「月に」どうすることができるのかを考えると，「(行ったことがない)月へ行くことさえできる」と同じような意味になる④が正解とわかります。行き先を表す前置詞は to です。

〈選択肢の和訳〉

　　× ① 〜に同行する　× ② 〜を取りに行く　× ③ 〜に入る　〇 ④ 〜に行く

問4

① 1行目の文を言いかえた表現。同じ内容にするには「私たちは世界に多くのおもしろい場所を<u>持っている</u>」とすればよいので，<u>have</u> が入るとわかります。

② 3〜5行目の文から「外国へ行くためには時間とお金がかかるので，できる人とできない人がいて，私はできない」という内容がわかります。つまり，「私は外国へ行くことができない<u>人たち</u>の1人です」となればよいので，<u>people</u> が入ります。

③ 8行目の文「映画館では，私は今まで訪れた(visit)ことがない場所を訪れることができる」の例として，9〜10行目の文に「月に行ったり」が続いています。つまり，「映画館では，私は月を<u>訪れる</u>ことができる」となればよいので，<u>visit</u> が入ります。

④ 11行目の文「私は，映画はすばらしい考えに満ちた小さな世界だと思う」を言いかえた表現。同じ内容にするには「私は，映画はすばらしい考えで<u>満ちている</u>と思う」とすればよいので，<u>are full</u> が入ります。

〈問題文の和訳〉

　　① 私たちは世界に多くのおもしろい場所を持ち，それらを訪れたいと思っている。

　　② 私は外国へ行くことができない人たちの1人です。

　　③ 映画館では，私は月を訪れることができる。

　　④ 私は，映画はすばらしい考えで満ちていると思う。

Vocabulary

単語と意味を確認しましょう。

☐ be full of ～		【熟】	～でいっぱいである
☐ want to ...		【熟】	…したいと思う
☐ however	[hauévər]	【副】	しかしながら
☐ easy	[íːzi]	【形】	容易な
☐ travel around the world		【熟】	世界をあちこち旅行して回る
☐ see	[síː]	【動】	見る，わかる
☐ some＋複数名詞 ... (,) and others ―		【熟】	…な～もあれば―な～もある
☐ money	[mʌ́ni]	【名】	お金
☐ time	[táim]	【名】	時間
☐ at the moment		【熟】	今のところ，ちょうど今
☐ foreign	[fɔ́rən, fɔ́(ː)rən]	【形】	外国の
☐ found	[fáund]	【動】	find (見つける) の過去・過去分詞形
☐ most	[móust]	【副】	最も
☐ in the world		【熟】	世界中で
☐ watch	[wátʃ]	【動】	見る
☐ movie	[múːvi]	【名】	映画
☐ cost	[kɔ́(ː)st]	【動】	費用がかかる
☐ much	[mʌ́tʃ]	【代】	たくさんのもの
☐ at the movies		【熟】	映画館で
☐ met	[mét]	【動】	meet (会う) の過去・過去分詞形
☐ even	[íːvən]	【副】	…（で）さえ
☐ go to ～		【熟】	～に行く
☐ moon	[múːn]	【名】	月
☐ future	[fjúːtʃər]	【名】	未来
☐ strange	[stréindʒ]	【形】	奇妙な，不思議な
☐ experience	[ikspíəriəns]	【名】	経験
☐ (be) filled with ～		【熟】	～で満ちている
☐ wonderful	[wʌ́ndərfəl]	【形】	すばらしい
☐ idea	[aidíːə]	【名】	考え

和訳例

　世界は私たちが訪れてみたいおもしろい場所で満ちている。しかし，それらを見るために私たちが世界中を旅するのは簡単ではない。外国へ行くための十分な時間とお金がある人もいるし，そうでない人もいる。今のところ，私はどの外国も訪れることができない。

　しかし，私は世界で最もおもしろいものを見つけた。それは映画を見ることだ。映画を見ることはあまりお金がかからない。映画館では，私は一度も訪れたことがない場所を訪れることができる。また，私が以前に会ったことがない人々に会うこともできる。私は月に行ったり，未来の世界に住んだりすることさえできる。それはなんて不思議な経験なのだろう。

　私は，映画は，すばらしい考えに満ちた小さな世界なのだと思う。

Listen & Write!

ディクテーションにチャレンジしましょう！

The world is (   ) of interesting places we want to visit. However, it is not easy for us to travel around the world to see them. Some people have (   ) money and time to go to other countries and others don't. At

5 the moment I can't visit any foreign countries.

But I have found the most interesting thing in the world. It is watching movies. Watching a movie doesn't cost (   ). At the movies I can visit places I have (   ) visited. Also, I can meet people I have

10 never met before. I can even (   ) to the moon or live in the future. What a strange experience!

I think movies are small worlds filled with wonderful ideas.

Read aloud!

音読しましょう！

The world / is full of interesting places / we want to visit. /
世界は　　　　　　　　　　　　　面白い場所で満ちている　　　　　私たちが訪れてみたいと思う

However, / it is not easy / for us / to travel / around the world /
しかし　　　　　　簡単ではない　　　私たちが　　旅をするのは　　　　　世界中を

to see them. / Some people / have enough money and time / to go /
それらを見るために　　　人たちもいる　　　　十分なお金と時間を持っている　　　　行くための

to other countries / and others don't. / At the moment / I can't visit /
外国へ　　　　　　　またそうでない人もいる　　　今のところ　　　　私は訪れることができない

any foreign countries. /
どの外国も

But I have found / the most interesting thing / in the world. /
しかし私は見つけた　　　　　　　最もおもしろいものを　　　　　　世界で

It is watching movies. / Watching a movie / doesn't cost much. /
それは映画を見ることだ　　　　映画を見ることは　　　　　あまりお金がかからない

At the movies / I can visit places / I have never visited. / Also, /
映画館では　　　　私は場所を訪れることができる　　私が一度も訪れたことのない　　　また

I can meet people / I have never met / before. / I can even /
私は人々に会うことができる　　　私が一度も会ったことのない　　以前に　　　私は…さえできる

go to the moon / or live / in the future. / What a strange experience! /
月に行くことが　　あるいは住むことが　未来の世界に　　　それはなんて不思議な経験なのだろう

I think / movies are small worlds / filled with wonderful ideas.
私は思う　　　映画は小さな世界なのだと　　　　すばらしい考えに満ちた

Listen & Write! （前ページの解答）

The world is (**full**) of interesting places we want to visit. However, it is not easy for us to travel around the world to see them. Some people have (**enough**) money and time to go to other countries and others don't. At the moment I can't visit any foreign countries.

But I have found the most interesting thing in the world. It is watching movies. Watching a movie doesn't cost (**much**). At the movies I can visit places I have (**never**) visited. Also, I can meet people I have never met before. I can even (**go**) to the moon or live in the future. What a strange experience!

I think movies are small worlds filled with wonderful ideas.

Unit 15

英文の長さ  124 words

50 100 150 200

📖 読む時間 | 目標 | **2分4秒**
✏️ 解く時間 | | **4分**

1回目 ——————
2回目 ——————
3回目 ——————

 ## Let's read!

次の英文を読み，あとの設問に答えなさい。

    Jack : Hello. This is Jack speaking. (　1　)

Kazuko : This is Kazuko. Hi. How are you?

    Jack : I'm fine, thank you. And you?

Kazuko : Fine, thank you.

5   Jack : I have three tickets for a movie. Would you like to go
         with me today?

Kazuko : (　2　) I have to finish my homework this afternoon.

    Jack : How about tomorrow?

Kazuko : (　3　) What time does the movie start?

10   Jack : At two o'clock. Shall we ask Tadashi to go with us?

Kazuko : Oh, yes. He loves movies. (　4　)

    Jack : Yes, I do. I'll call him later.

Kazuko : Thank you for calling. Let's meet at the movie theater
         at one thirty. See you tomorrow.

（沖縄県）

Questions

問　空所 (1) 〜 (4) に入れるのに最も適切な文を下の①〜⑥のうちから１つずつ選びな

さい。

① Do you know his telephone number?

② No, he won't go there.

③ I'm sorry, but I can't.

④ May I speak to Kazuko, please?

⑤ That'll be fine.

⑥ Will Tadashi go there?

解答欄

(1)		(2)		(3)		(4)	

Answers

答えをチェックしましょう。

(1)	④	(2)	③	(3)	⑤	(4)	①

(1)　空所の前の This is Jack speaking.（こちらはジャックです）と，次の行の Kazuko の発言 This is Kazuko.（カズコよ）から，電話での会話だとわかります。したがって，電話をかけたときの決まり文句の④が正解になります。

(2)　空所の前の Would you like to go with me today?（今日，一緒に行かない？）と，空所のあとの I have to finish my homework this afternoon.（私は今日の午後に宿題を終わらせなくちゃいけないの）から，「行けない」という内容が空所に入ることがわかります。したがって③が正解になります。

(3)　前の行の How about tomorrow?（明日はどう？）と，空所のあとの What time does the movie start?（その映画が始まるのは何時ですか）から，「いいですよ」あるいは「行けますよ」という内容が空所に入るとわかります。したがって⑤が正解になります。

(4)　次の行の Yes, I do. から，空所には「Do you ＋動詞の原形？」という質問の文が入るとわかります。したがって①が正解になります。

〈選択肢の和訳〉
　① 彼の電話番号を知っている？
　② いいえ，彼はそこへは行かないでしょう。
　③ ごめんなさい，できません。
　④ カズコさんと話せますか。
　⑤ それなら大丈夫。
　⑥ タダシはそこへ行く？

重要な表現⑪

人を誘うときの Would you like to ...?

Jack の3番目のセリフにある Would you like to ...?（…しませんか）は人を誘う場合によく使われるていねいな表現です。断るときは，本文にあるように，I'm sorry, but ...「すみませんが…」や I'd like to, but ...「そうしたいのですが…」のように言います。また，約束の時間や場所などを提案するときには，本文中にもある How about ～?（～はどうですか）もよく使われます。

Vocabulary

単語と意味を確認しましょう。

☐ This is ～ speaking.		【熟】〈電話で自分の名前を告げて〉～です。
☐ May I speak to ～, please?		【熟】〈電話で〉～さんと話せますか［～さんはいらっしゃいますか］。
☐ How are you?		【熟】元気ですか。
☐ ticket	[tíkət]	【名】切符，券
☐ movie	[mú:vi]	【名】映画
☐ go with ～		【熟】～と一緒に行く
☐ sorry	[sári]	【形】すまなく思って
☐ have to ...		【熟】…しなければならない
☐ finish	[fíniʃ]	【動】終える
☐ homework	[hóumwə̀ːrk]	【名】宿題
☐ afternoon	[æ̀ftərnú:n]	【名】午後
☐ How about ～?		【熟】～はどうですか。
☐ tomorrow	[təmɔ́(:)rou]	【副】明日
☐ start	[stá:rt]	【動】出発する，始まる
☐ o'clock	[əklák]	【副】〈前に数字を置いて〉～時
☐ Shall we ...?		【熟】…しましょうか。
☐ ask ～ to ...		【熟】～に…するように頼む［誘う］
☐ telephone number		【名】電話番号
☐ later	[léitər]	【副】あとで

Unit 15

和訳例

　　Jack：もしもし。こちらはジャックです。カズコさんと話せますか。

Kazuko：カズコよ。こんにちは。元気？

　　Jack：元気だよ，ありがとう。君は？

Kazuko：元気よ，ありがとう。

　　Jack：映画のチケットを3枚持っているんだ。今日，僕と一緒に行かない？

Kazuko：ごめんなさい，行けないの。私は今日の午後に宿題を終わらせなくちゃいけないの。

　　Jack：明日はどう？

Kazuko：それなら大丈夫よ。映画は何時に始まるの？

　　Jack：2時だよ。タダシに僕たちと一緒に行こうと誘ってみようか？

Kazuko：ああ，そうね。彼は映画が大好きだから。彼の電話番号を知っている？

　　Jack：ああ，知っているよ。あとで彼に電話をかけておくよ。

Kazuko：電話してくれてありがとう。映画館で1時半に会いましょう。じゃあ明日。

Listen & Write!

ディクテーションにチャレンジしましょう！

Jack : Hello. This is Jack (   ). May I

speak to Kazuko, please?

Kazuko : This is Kazuko. Hi. How are you?

Jack : I'm fine, thank you. And you?

5 Kazuko : Fine, thank you.

Jack : I have three tickets for a movie. (   )

you like to go with me today?

Kazuko : I'm sorry, but I can't. I have to finish my homework

this afternoon.

10   Jack : How (   ) tomorrow?

Kazuko : That'll be fine. What time does the movie start?

Jack : At two o'clock. (   ) we ask Tadashi to

go with us?

Kazuko : Oh, yes. He loves movies. Do you know his telephone

15   number?

Jack : Yes, I do. I'll call him later.

Kazuko : Thank you for calling. Let's meet at the movie theater

at one thirty. (   ) you tomorrow.

Read aloud!

音読しましょう！

Jack : Hello. / This is Jack speaking. / May I speak to Kazuko, / please? /
　　　もしもし　　　　こちらはジャックです　　　　　　　カズコさんと話せますか　　　　どうか

Kazuko : This is Kazuko. / Hi. / How are you? /
　　　　　カズコよ　　　　こんにちは　　　元気

Jack : I'm fine, / thank you. / And you? /
　　　元気だよ　　　　ありがとう　　　　君は

Kazuko : Fine, / thank you. /
　　　　　元気よ　　　　ありがとう

Jack : I have three tickets / for a movie. / Would you like to go /
　　　僕はチケットを3枚持っているんだ　　　　映画の　　　　　行きたいですか

　　　with me today? /
　　　今日，僕と一緒に

Kazuko : I'm sorry, / but I can't. / I have to finish / my homework /
　　　　　ごめんなさい　　　　行けないの　　　私は終わらせなくちゃいけないの　　　宿題を

　　　　　this afternoon. /
　　　　　今日の午後に

Jack : How about tomorrow? /
　　　明日はどう

Kazuko : That'll be fine. / What time / does the movie start? /
　　　　　それなら大丈夫よ　　　　何時に　　　　映画は始まるの

Jack : At two o'clock. / Shall we ask Tadashi / to go with us? /
　　　2時だよ　　　　　タダシを誘ってみようか　　　僕たちと一緒に行こうと

Kazuko : Oh, yes. / He loves movies. / Do you know / his telephone number? /
　　　　　ああ，そうね　　彼は映画が大好きだから　　知っているか　　　彼の電話番号を

Jack : Yes, I do. / I'll call him later. /
　　　ああ，知っているよ　　あとで彼に電話をかけておくよ

Kazuko : Thank you / for calling. / Let's meet / at the movie theater /
　　　　　ありがとう　　　電話してくれて　　会いましょう　　　　映画館で

　　　　　at one thirty. / See you tomorrow.
　　　　　1時半に　　　　じゃあ明日

Listen & Write! （前ページの解答）

Jack : Hello. This is Jack (**speaking**). May I speak to Kazuko, please?

Kazuko : This is Kazuko. Hi. How are you?

Jack : I'm fine, thank you. And you?

Kazuko : Fine, thank you.

Jack : I have three tickets for a movie. (**Would**) you like to go with me today?

Kazuko : I'm sorry, but I can't. I have to finish my homework this afternoon.

Jack : How (**about**) tomorrow?

Kazuko : That'll be fine. What time does the movie start?

Jack : At two o'clock. (**Shall**) we ask Tadashi to go with us?

Kazuko : Oh, yes. He loves movies. Do you know his telephone number?

Jack : Yes, I do. I'll call him later.

Kazuko : Thank you for calling. Let's meet at the movie theater at one thirty. (**See**) you tomorrow.

Unit **16**

英文の長さ　**125**words

        50   100   150   200

📖 読む時間　目標　**2分5秒**
✏️ 解く時間　　　**5分**

1回目　———　2回目　———　3回目　———

Let's read!

次の英文を読み，あとの設問に答えなさい。

    A bicycle is a very useful thing. A lot of people use a bicycle every day. But the newspaper often tells us about bicycle accidents.

    Today a bicycle accident may happen to us at any time or
5 any place. But we sometimes ride a bicycle without thinking much about (1)that. There are a lot of cars on the road. A bicycle accident will often happen when we are not careful.

    There are some rules we should keep when we ride a bicycle. Don't ride too fast. Don't go out suddenly into a
10 street. Don't go through a red light. Keeping to these rules is not difficult. We can save ourselves from a bicycle accident (　2　).

(大分県)

(注) bicycle：自転車　　accident(s)：事故　　careful：注意深い　　rule(s)：規則

98

 **Questions**

問 1　下線部 (1) が指しているものを日本語で書きなさい。

問 2　本文中には，自転車に乗るときに守るべきルールのうちの 3 つが述べられています。
　　　急に道路に飛び出さないことと，あと 2 つは何ですか。日本語で書きなさい。

問 3　空所 (2) に入れるのに最も適切なものを選びなさい。
　　　① if we don't use a bicycle too often
　　　② if we keep to the rules when we ride a bicycle
　　　③ if it isn't difficult to keep to the rules
　　　④ if the newspaper tells us more about accidents

解答欄

問 1	
問 2	
問 3	

Answers

答えをチェックしましょう。

問1	自転車事故 （はいつでもどこでも私たちの身に起こるかもしれないということ）	
問2	あまりスピードを出しすぎないこと。 赤信号で進まないこと［赤信号を無視しないこと］。	
問3	②	

問1 代名詞の <u>that</u> には前の文（の一部）を指す働きがあります。ここでは前文に「自転車事故はいつでもどこでも私たちの身に起こるかもしれない」とあり，「私たちは that（そのこと）についてあまり考えずにときどき自転車に乗る」と続くので，that は a bicycle accident（自転車事故），または前文全体を指すと考えられます。

問2 自転車に乗るときに守るべきルールについては，第3段落に書かれています。「急に道路に飛び出さないこと」以外には，Don't ride too fast.（あまりに速いスピードを出して乗ってはいけない）そして Don't go through a red light.（赤信号で進んではいけない[赤信号を無視してはいけない]）と書かれています。「Don't ＋動詞の原形」（…してはいけない）は禁止の命令を表す重要な表現なので，覚えておきましょう。

問3 前の文の「これらの規則を守るのは難しくはない」がヒント。「…ならば，私たちは自転車事故から自分自身を守ることができる」という文の意味が通るように，「自転車に乗るときに規則を守れば」という②を選べば正解です。③は前文で「規則を守るのは難しくはない」と述べているので，if（もし）という文で使うのは不適切。

〈選択肢の和訳〉

× ① もし私たちがあまりひんぱんに自転車を使わなければ

○ ② もし私たちが自転車に乗るときに規則を守れば

× ③ もし規則を守るのが難しくなければ

× ④ もし新聞が私たちにもっと事故について教えてくれれば

重要な表現⑫

禁止を表す否定の命令文「Don't ＋動詞の原形」は「…するな」

本文の第3段落には，「Don't ＋動詞の原形」で「…するな，…ではいけない」という禁止を表す表現がいくつか使われています。この表現は，規則について説明したり，人に指示したりするときによく使われます。これは助動詞 must の否定形 must not（…してはいけない）を使って「You must not ＋動詞の原形」で言いかえができます。

Don't ride too fast. ＝ You must not ride too fast.

（あまり速いスピードで乗ってはいけません）

Vocabulary

単語と意味を確認しましょう。

☐ a lot of 〜		【熟】	たくさんの〜
☐ every day		【熟】	毎日
☐ newspaper	[njú:spèipər]	【名】	新聞
☐ often	[ɔ́:fən]	【副】	よく，しばしば
☐ tell＋人＋about 〜		【熟】	人に〜のことを話す［伝える］
☐ accident	[ǽksədənt]	【名】	事故
☐ today	[tədéi]	【副】	今日では
☐ may ...	[méi]	【助】	…かもしれない
☐ happen to 〜		【熟】	〜に起こる，ふりかかる
☐ ride	[ráid]	【動】	〜に乗る
☐ without 〜	[wiðáut]	【前】	〜せずに，〜なしに
☐ car	[ká:r]	【名】	車
☐ will ...	[wíl]	【助】	〈習慣・習性〉（物・事が）…するものだ
☐ careful	[kéərfəl]	【形】	注意深い
☐ rule	[rú:l]	【名】	規則
☐ should ...	[ʃúd]	【助】	…すべきである
☐ keep	[kí:p]	【動】	従う，守る
☐ too	[tú:]	【副】	〈副詞・形容詞を修飾して〉あまりにも
☐ go out		【熟】	出ていく
☐ suddenly	[sʌ́dənli]	【副】	突然
☐ street	[strí:t]	【名】	通り
☐ go through 〜		【熟】	〜を通過する
☐ red light		【名】	赤信号
☐ keep to 〜		【熟】	〜に従う
☐ save A from B		【熟】	A を B から守る
☐ if ...	[if]	【接】	もし…ならば

Unit 16

和訳例

　自転車はとても役に立つものだ。たくさんの人が毎日自転車を使っている。しかし新聞は，たびたび私たちに自転車事故について伝えている。

　今日では，自転車事故はいつでもどこでも私たちの身に起こるかもしれない。しかし，私たちはときどきそのことについてあまり考えずに自転車に乗る。多くの車が道路上にある。自転車事故は，私たちが注意を払っていないときに，よく起こるものだ。

　私たちが自転車に乗るときに守るべきいくつかの規則がある。あまりに速いスピードを出して乗ってはいけない。急に道路に飛び出してはいけない。赤信号で進んではいけない。これらの規則を守ることは難しくはない。私たちが自転車に乗るときに規則を守れば，私たちは自転車事故から自分自身を守ることができる。

Listen & Write!

ディクテーションにチャレンジしましょう！

A bicycle is a very useful thing. A lot of people use a bicycle every day. But the newspaper often (   ) us about bicycle accidents.

Today a bicycle accident (   ) happen to us at
5 any time or any place. But we sometimes (   ) a bicycle without thinking much about that. There are a lot of cars on the road. A bicycle accident will often happen when we are not careful.

There are some (   ) we should keep when
10 we ride a bicycle. Don't ride too fast. Don't go out suddenly into a street. Don't go through a red light. Keeping to these rules is not difficult. We can (   ) ourselves from a bicycle accident if we keep to the rules when we ride a bicycle.

Read aloud!

音読しましょう！

Unit 16

A bicycle / is a very useful thing. / A lot of people /
自転車は　　　　　　　　とても役に立つものだ　　　　　　たくさんの人が

use a bicycle / every day. / But the newspaper / often tells us /
自転車を使っている　　　毎日　　　　　しかし新聞は　　　たびたび私たちに伝えている

about bicycle accidents. /
自転車事故について

Today / a bicycle accident / may happen to us / at any time /
今日では　　　自転車事故は　　　私たちの身に起こるかもしれない　　いつでも

or any place. / But we sometimes ride a bicycle / without thinking /
あるいはどこでも　　　しかし私たちはときどき自転車に乗る　　　　考えないで

much about that. / There are a lot of cars / on the road. /
そのことについてあまり　　　　　多くの車がある　　　　　道路上に

A bicycle accident / will often happen / when we are not careful. /
自転車事故は　　　　　よく起こるものだ　　　私たちが注意を払っていないときに

There are some rules / we should keep / when we ride a bicycle. /
いくつかの規則がある　　　私たちが守るべき　　　私たちが自転車に乗るときに

Don't ride too fast. / Don't go out / suddenly / into a street. /
あまりに速いスピードを出して乗ってはいけない　飛び出してはいけない　急に　　　道路に

Don't go / through a red light. / Keeping to these rules /
進んではいけない　　赤信号を通り抜けて　　　　これらの規則を守ることは

is not difficult. / We can save ourselves / from a bicycle accident /
難しくはない　　　私たちは自分自身を守ることができる　　　自転車事故から

if we keep to the rules / when we ride a bicycle.
私たちが規則を守れば　　　私たちが自転車に乗るときに

Listen & Write! （前ページの解答）

　　A bicycle is a very useful thing.　A lot of people use a bicycle every day.　But the newspaper often (**tells**) us about bicycle accidents.

　　Today a bicycle accident (**may**) happen to us at any time or any place.　But we sometimes (**ride**) a bicycle without thinking much about that.　There are a lot of cars on the road.　A bicycle accident will often happen when we are not careful.

　　There are some (**rules**) we should keep when we ride a bicycle.　Don't ride too fast. Don't go out suddenly into a street.　Don't go through a red light.　Keeping to these rules is not difficult.　We can (**save**) ourselves from a bicycle accident if we keep to the rules when we ride a bicycle.

Let's read!

次の英文は，英語の授業でグリーン先生（Ms. Green）が日本語について話したことです。これを読んで，あとの設問に答えなさい。

Japanese people use the word "*domo*" very often. At first I thought it meant "thank you." For example, when your friend lends you a CD, you can say, "*Domo*."

But later, I found another meaning. A woman was waiting
5 (1) someone. She looked angry. She was waiting for him (2) a long time. At last a man came and said, "*Domo, domo*." So I understood this word could mean "thank you" or "I'm sorry." "*Arigato*" or "*sumimasen*" sometimes comes after "*domo*," doesn't it?

10   And a few days ago I learned some more meanings. When two people meet, they say, "*Ya domo*." And then when they part, again they say, "*Ja domo*." "*Domo*" also means "hello" or "see you later," doesn't it?

（青森県 改）

(注) angry：腹を立てて　　part：別れる

Questions

問1 空所 (1) に入れるのに最も適切な語を選びなさい。

① to ② for ③ of ④ at

問2 空所 (2) に入れるのに最も適切な語を選びなさい。

① for ② to ③ of ④ in

問3 本文の内容に合うように, 以下のそれぞれの質問の答えの空所に入れるのに最も適切な語を書きなさい。

① Which meaning of "*domo*" did Ms. Green find at first?

She thought it (　　) "(　　) (　　)."

② Does Ms. Green know "*domo*" can also mean "I'm sorry"?

(　　), she (　　).

③ What does "*Ja domo*" in Ms. Green's story mean?

It (　　) "(　　) (　　) (　　)."

解答欄

問1			問2	
問3	①		②	
	③			

Answers

答えをチェックしましょう。

問1	②		問2	①
問3	①	meant, thank, you	②	Yes, does
	③		means, see, you, later	

問1 空所の前の語がヒント。<u>wait for ～</u>（～を待つ）を使って，was waiting for someone（誰かを待っていました）となる② for が正解です。

問2 空所のあとの語句がヒント。<u>a long time</u>（長い時間）とあるので，期間を表す① for が正解です。

問3 ① 1～2行目に，「最初，私はそれは『ありがとう』を意味すると思っていました」とあるので，She thought it (meant) "(thank) (you)." が正解です。<u>mean</u>の過去形は不規則変化をして<u>meant</u>となるので注意しましょう。

② 7～8行目に，「私はこの言葉が『ありがとう』や『すみません』を意味することができるとわかった」とあるので，彼女は意味を知っていることになります。したがって，(Yes), she (does). が正解です。

③ 11～13行目に，「2人の人が別れるとき，また彼らは『じゃあ，どうも』と言います。『どうも』は『こんにちは』や『またね』を意味することもあるのですね」とあるので，「じゃあ，どうも」は「またね」の意味だとわかります。したがって，It (means) "(see) (you) (later)." が正解になります。

〈質問と答えの和訳〉

① グリーン先生が最初に気がついたのは，「どうも」のどの意味でしたか。
それは「ありがとう」を意味すると，彼女は思いました。

② グリーン先生は，「どうも」が「すみません」を意味することもあると知っていますか。
はい，知っています。

③ グリーン先生の話の中で，「じゃあ，どうも」は何を意味しますか。
それは「またね」を意味します。

Vocabulary

単語と意味を確認しましょう。

☐ at first		【熟】	最初は
☐ thought	[θɔ́:t]	【動】	think（考える）の過去・過去分詞形
☐ meant	[mént]	【動】	mean（意味する）の過去・過去分詞形
☐ for example		【熟】	例えば
☐ when ...	[hwén]	【接】	…するときに
☐ lend	[lénd]	【動】	貸す
☐ later	[léitər]	【副】	あとで
☐ found	[fáund]	【動】	find（気がつく，見つける）の過去・過去分詞形
☐ another	[ənʌ́ðər]	【形】	別の，もう1つの
☐ meaning	[mí:niŋ]	【名】	意味
☐ wait for ～		【熟】	～を待つ
☐ look	[lúk]	【動】	…に見える
☐ for a long time		【熟】	長い間
☐ at last		【熟】	ついに
☐ said	[séd]	【動】	say（言う）の過去・過去分詞形
☐ understood	[ʌ̀ndərstúd]	【動】	understand（理解する）の過去・過去分詞形
☐ I'm sorry.		【熟】	すみません。
☐ come after ～		【熟】	～のあとに来る
☐ ～ ago	[əgóu]	【副】	～前に
☐ learn	[lə́:rn]	【動】	学ぶ，知る
☐ meet	[mí:t]	【動】	会う
☐ then	[ðén]	【副】	それから
☐ again	[əgén]	【副】	再び，また
☐ also	[ɔ́:lsou]	【副】	…も（また）
☐ See you later.		【熟】	またね。

和訳例

　日本人は「どうも」という言葉をとてもよく使います。最初，私はそれは「ありがとう」を意味すると思っていました。例えば，あなたの友達がCDを貸してくれるとき，あなたは「どうも」と言うことができます。

　しかしその後，私は別の意味に気がつきました。ある女性が誰かを待っていました。彼女は腹を立てているようでした。彼女は長い間，彼を待っていました。ついに男性が来て言いました。「どうも，どうも」と。それで，私はこの言葉が「ありがとう」や「すみません」を意味することができるとわかりました。「ありがとう」や「すみません」は「どうも」のあとに来ることがありますよね。

　そして何日か前に，私はさらにいくつかの意味を知りました。2人の人が会うとき，彼らは「やあ，どうも」と言います。そしてそれから彼らが別れるとき，また彼らは「じゃあ，どうも」と言います。「どうも」は「こんにちは」や「またね」を意味することもあるのですね。

Listen & Write!

ディクテーションにチャレンジしましょう！

Japanese people use the word "*domo*" very
(   ). At first I thought it (   )
"thank you." For example, when your friend lends you a CD,
you can say, "*Domo.*"

5   But later, I found another (   ). A
woman was waiting for someone. She looked angry. She was
waiting for him for a long time. At last a man came and said,
"*Domo, domo.*" So I understood this word could mean "thank
you" or "I'm sorry." "*Arigato*" or "*sumimasen*" sometimes
10 (   ) after "*domo*," doesn't it?

And a few days ago I learned some more meanings. When
two people meet, they say, "*Ya domo.*" And then when they
(   ), again they say, "*Ja domo.*" "*Domo*" also
means "hello" or "see you later," doesn't it?

Read aloud!

音読しましょう！

Japanese people use / the word "*domo*" / very often. / At first /
日本人は使います　　　　「どうも」という言葉を　　　とてもよく　　　　最初

I thought / it meant / "thank you." / For example, / when your friend
私は思っていました　それは意味すると　「ありがとう」を　　例えば　　　あなたの友達が

lends you a CD, / you can say, / "*Domo*." /
あなたにCDを貸してくれるとき　あなたは言うことができます　「どうも」と

But later, / I found / another meaning. / A woman / was waiting /
しかしその後　私は気がつきました　　別の意味を　　　　ある女性が　　　待っていた

for someone. / She looked angry. / She was waiting / for him /
誰かを　　　彼女は腹を立てているようでした　彼女は待っていました　　　彼を

for a long time. / At last / a man came / and said, / "*Domo, domo*." /
長い間　　　　　ついに　　男性が来ました　そして言いました　「どうも，どうも」と

So I understood / this word / could mean / "thank you" / or "I'm sorry." /
それで私はわかりました　　この言葉が　意味することができると　「ありがとう」を　あるいは「すみません」を

"*Arigato*" or "*sumimasen*" / sometimes comes / after "*domo*," /
「ありがとう」や「すみません」は　　　　　来ることがある　　　「どうも」のあとに

doesn't it? /
ですよね

And a few days ago / I learned / some more meanings. /
そして何日か前に　　　　私は知りました　　　さらにいくつかの意味を

When two people meet, / they say, / "*Ya domo*." / And then /
2人の人が会うとき　　　　彼らは言います　「やあ，どうも」と　　そしてそれから

when they part, / again / they say, / "*Ja domo*." / "*Domo*" / also means /
彼らが別れるとき　　また　彼らは言います　「じゃあ，どうも」と　「どうも」は　意味することもある

"hello" / or "see you later," / doesn't it?
「こんにちは」を　あるいは「またね」を　　　ですよね

Listen & Write! （前ページの解答）

Japanese people use the word "*domo*" very (**often**). At first I thought it (**meant**) "thank you." For example, when your friend lends you a CD, you can say, "*Domo*."

But later, I found another (**meaning**). A woman was waiting for someone. She looked angry. She was waiting for him for a long time. At last a man came and said, "*Domo, domo*." So I understood this word could mean "thank you" or "I'm sorry." "*Arigato*" or "*sumimasen*" sometimes (**comes**) after "*domo*," doesn't it?

And a few days ago I learned some more meanings. When two people meet, they say, "*Ya domo*." And then when they (**part**), again they say, "*Ja domo*." "*Domo*" also means "hello" or "see you later," doesn't it?

英文の長さ 124 words

50 100 150 200

読む時間 目標 2分4秒

解く時間 4分

1回目 ——————

2回目 ——————

3回目 ——————

Let's read!

次の英文を読み，あとの設問に答えなさい。

　　Kenji is a junior high school student. One day in September, Mr. Hayashi, his English teacher, said, "A new English teacher from America will come to our class tomorrow."

5　　The next day Kenji was waiting for the new English teacher. Kenji was very surprised when the new English teacher came into the classroom. She looked like a Japanese woman.

　　"Hello, everyone. My name is Mary Suzuki. I'm very happy 10 to see you. I came to Japan last month. You see, I look like a Japanese woman, because my grandfather is Japanese. But I'm American and I can't speak Japanese well. I like Japanese food very much. I'm going to stay in Japan for a year. Let's learn English. English is a lot of fun."

（栃木県）

(注) was surprised：驚いた　　grandfather：祖父

110

Questions

問 本文の内容に合うように，以下の質問に対する最も適切な答えを，ア～コの中から選びなさい。

① Is Kenji a junior high school student?

② Where is Mary from?

③ When did Mary come to Japan?

④ What kind of food does Mary like?

⑤ What does Mary teach?

ア．Japanese food.
イ．In July.
ウ．She teaches English.
エ．In August.
オ．No, he isn't.
カ．She is from America.
キ．She teaches Japanese.
ク．Japanese books.
ケ．She is from Australia.
コ．Yes, he is.

解答欄

①		②		③		④		⑤	

Answers

答えをチェックしましょう。

①	コ	②	カ	③	エ	④	ア	⑤	ウ

① 1行目に「ケンジは中学生である」とあります。したがって，「コ」が正解です。

② 2〜4行目に「アメリカ出身の新しい英語の先生が，明日，私たちのクラスにやってきます」とあり，9行目に「私の名前はメアリー・スズキです」とあるので，その新しい先生が「メアリー」だとわかります。したがって，「カ」が正解です。

③ 1〜2行目の One day in September（9月のある日）と，10行目の「私は先月，日本にやってきました」から，「エ」が正解とわかります。

④ 12〜13行目に「私は日本食がとても好きです」とあります。したがって，「ア」が正解です。

⑤ 問題②と同様に，2〜4行目の文から，メアリーは新しい英語の先生だとわかります。したがって，「ウ」が正解です。

〈質問と答えの和訳〉

　　① ケンジは中学生ですか。

　　② メアリーはどこの出身ですか。

　　③ メアリーが日本へ来たのはいつですか。

　　④ メアリーが好きなのはどのような種類の食べ物ですか。

　　⑤ メアリーが教えるものは何ですか。

　　ア．日本食です。

　　イ．7月です。

　　ウ．彼女は英語を教えます。

　　エ．8月です。

　　オ．いいえ，（彼は）違います。

　　カ．彼女はアメリカ出身です。

　　キ．彼女は日本語を教えます。

　　ク．日本語の本です。

　　ケ．彼女はオーストラリア出身です。

　　コ．はい，（彼は）そうです。

Vocabulary

単語と意味を確認しましょう。

☐ junior high school student		【名】	中学生
☐ one day		【熟】	ある日
☐ September	[septémbər]	【名】	９月
☐ English teacher		【名】	英語の先生
☐ new	[n(j)úː]	【形】	新しい
☐ come to ～		【熟】	～に来る，～に着く
☐ class	[klǽs]	【名】	クラス
☐ tomorrow	[təmɔ́(ː)rou]	【副】	明日（は）
☐ next day		【熟】	次の日，翌日
☐ wait for ～		【熟】	～を待つ
☐ classroom	[klǽsrùːm]	【名】	教室
☐ look like ～		【熟】	～のように見える
☐ Japanese	[dʒæpəníːz]	【形】	日本の 【名】 日本人，日本語
☐ everyone	[évriwʌn]	【代】	みんな
☐ happy	[hǽpi]	【形】	うれしい
☐ see	[síː]	【動】	会う，見る
☐ Japan	[dʒəpǽn]	【名】	日本
☐ last month		【熟】	先月
☐ grandfather	[grǽndfɑ̀ːðər]	【名】	祖父
☐ well	[wél]	【副】	上手に，よく
☐ like	[láik]	【動】	好きである
☐ be going to ...		【熟】	…するつもりである
☐ stay	[stéi]	【動】	滞在する
☐ let's ...		【熟】	…しましょう
☐ a lot of ～		【熟】	たくさんの～
☐ fun	[fʌ́n]	【名】	楽しみ

Unit 18

和訳例

　ケンジは中学生である。９月のある日，彼の英語の先生であるハヤシ先生が言った。「アメリカ出身の新しい英語の先生が，明日，私たちのクラスにやってきます」

　次の日，ケンジは新しい英語の先生を待っていた。ケンジは，新しい英語の先生が教室に入ってきたときとても驚いた。彼女は日本人女性のように見えた。

　「皆さん，こんにちは。私の名前はメアリー・スズキです。あなた方にお会いできてとてもうれしいです。私は先月，日本にやってきました。見てのとおり，私は日本人女性のように見えます。その理由は，私の祖父が日本人だからです。でも，私はアメリカ人で，日本語を上手に話せません。私は日本食がとても好きです。私は日本に１年間滞在するつもりです。さあ，英語を学びましょう。英語はとても楽しいですよ」

Listen & Write!

ディクテーションにチャレンジしましょう！

Kenji is a junior high school student. One day in September, Mr. Hayashi, his English teacher, said, "A new English teacher (   ) America will come to our class tomorrow."

5   The next day Kenji was waiting (   ) the new English teacher. Kenji was very surprised when the new English teacher came into the classroom. She looked (   ) a Japanese woman.

    "Hello, everyone. My name is Mary Suzuki. I'm very happy 10 to see you. I came to Japan last month. You see, I look like a Japanese woman, because my grandfather is Japanese. But I'm American and I can't speak Japanese (   ). I like Japanese food very much. I'm (   ) to stay in Japan for a year. Let's learn English. English is a lot of fun."

Read aloud!

音読しましょう！

Kenji / is a junior high school student. / One day / in September, /
ケンジは　　　　　　　　　　中学生である　　　　　　　　ある日　　　　　　9月の

Mr. Hayashi, / his English teacher, / said, / "A new English teacher /
ハヤシ先生が　　　　彼の英語の先生である　　　言った　　　新しい英語の先生が

from America / will come / to our class / tomorrow." /
アメリカ出身の　　やってきます　私たちのクラスに　　　明日

The next day / Kenji was waiting / for the new English teacher. /
次の日　　　　　ケンジは待っていた　　　　　新しい英語の先生を

Kenji / was very surprised / when the new English teacher /
ケンジは　　　　とても驚いた　　　　　　新しい英語の先生が…とき

came into the classroom. / She looked / like a Japanese woman. /
教室に入ってきた　　　　　彼女は見えた　　日本人女性のように

"Hello, / everyone. / My name / is Mary Suzuki. / I'm very happy /
「こんにちは　　皆さん　　　私の名前は　　メアリー・スズキです　私はとてもうれしいです

to see you. / I came to Japan / last month. / You see, /
あなた方にお会いできて　私は日本にやってきました　　先月　　　　見てのとおり

I look like a Japanese woman, / because my grandfather /
私は日本人女性のように見えます　　　　　　　その理由は，私の祖父が

is Japanese. / But I'm American / and I can't speak Japanese / well. /
日本人だからです　　でも，私はアメリカ人です　　そして私は日本語を話せません　　上手に

I like Japanese food / very much. / I'm going to stay / in Japan /
私は日本食が好きです　　　とても　　　私は滞在するつもりです　　日本に

for a year. / Let's learn / English. / English / is a lot of fun." /
1年間　　　さあ，学びましょう　英語を　　英語は　　とても楽しいですよ」

Listen & Write! （前ページの解答）

Kenji is a junior high school student. One day in September, Mr. Hayashi, his English teacher, said, "A new English teacher (**from**) America will come to our class tomorrow."

The next day Kenji was waiting (**for**) the new English teacher. Kenji was very surprised when the new English teacher came into the classroom. She looked (**like**) a Japanese woman.

"Hello, everyone. My name is Mary Suzuki. I'm very happy to see you. I came to Japan last month. You see, I look like a Japanese woman, because my grandfather is Japanese. But I'm American and I can't speak Japanese (**well**). I like Japanese food very much. I'm (**going**) to stay in Japan for a year. Let's learn English. English is a lot of fun."

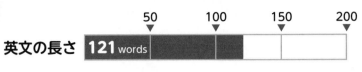

📖 読む時間　目標 **2分1秒**
✏️ 解く時間　　　**4分**

1回目	2回目	3回目
————	————	————

 ## *Let's read!*

次の英文を読んで，あとの設問に答えなさい。

　　Do you eat breakfast every morning? I think it is the most important meal of the day. (1) we don't eat breakfast, we get tired easily and our brains don't work well. But some people don't have breakfast. (2)? There are two main
5 reasons. First, they don't have enough time to eat breakfast. Second, they don't want to eat anything so soon after getting up. Then, what should they do? My teacher says, "If eating breakfast is difficult, get up a little earlier. When you do this, (A)." I agree. If we eat breakfast every morning, we can
10 study and play sports well. (3) let's get up a little earlier and enjoy eating breakfast!

（高知県 改）

Questions

問1 空所 (1) に入れるのに最も適切な語を選びなさい。

ア．Because

イ．And

ウ．Though

エ．If

問2 空所 (2) に入れるのに最も適切な語を選びなさい。

ア．When

イ．Where

ウ．Why

エ．What

問3 空所 (3) に入れるのに最も適切な語を選びなさい。

ア．But

イ．Yet

ウ．So

エ．Because

問4 空所 (A) に入れるのに最も適切なものを選びなさい。

ア．you feel hungry and want something to eat

イ．you feel happy and don't have to eat breakfast

ウ．you feel tired and want to eat lunch

エ．you feel sleepy and don't want to do anything

解答欄

問1		問2		問3		問4	

Answers

答えをチェックしましょう。

問1	エ	問2	ウ	問3	ウ	問4	ア

問1 この文にはコンマで区切られた we で始まる文のカタマリが 2 つあります。これを
つなぐ接続詞が空所に必要です。文の意味を考えてみると，「私たちが朝食を食べな
い」〈条件〉 → 「私たちは簡単に疲れてしまうし，頭もうまく働かない」〈結果〉の
ような関係があることが読み取れます。よって，この関係で文をつなぐ if ...（もし
も…するならば）が正解となります。

〈選択肢の和訳〉

　　× ア．…なので　× イ．そして　× ウ．…だけれども　○ エ．もしも…するならば

問2 空所の直後の「？」から，何かを尋ねていることがわかります。空所の前の文とあ
との文から，ここで尋ねた内容は「朝食を食べない人もいる理由」であることが読
み取れます。よって，理由を尋ねるウが正解とわかります。

〈選択肢の和訳〉

　　× ア．いつ〈時を尋ねる表現〉　　　× イ．どこ〈場所を尋ねる表現〉
　　○ ウ．なぜ〈理由を尋ねる表現〉　　× エ．何〈何なのかを尋ねる表現〉

問3 文に流れをつける表現の問題です。前の文「もし毎朝朝食を食べれば，うまく勉強や
スポーツができる」と，あとの文「もう少し早く起きて，朝食を食べることを楽し
もう！」の流れを考えると，あとの文は前の文の内容を受けての結論になっています。
よって，この関係で文をつなぐ So ...（だから…）が正解となります。Because も
同じような日本語ですが，「So ＋結論」「Because ＋原因」のように，続く文の内
容が異なりますので注意が必要です。

〈選択肢の和訳〉

　　× ア．しかし　　× イ．しかし　　○ ウ．だから　　× エ．なぜならば

問4 空所直前の this は，その前の文「もし朝食を食べるのが難しいなら，もう少し早く
起きなさい」を指しています。つまり，空所を含む文は「もう少し早く起きれば，
朝食を食べることができる」という内容になることが読み取れます。よって，その
内容に最も近いアが正解となります。

〈選択肢の和訳〉

　　○ ア．あなたは空腹を感じ，何かを食べたくなる
　　× イ．あなたは幸福を感じ，朝食を食べる必要がない
　　× ウ．あなたは疲れを感じ，昼食を食べたいと思う
　　× エ．あなたは眠気を感じ，何もしたいと思わない

Vocabulary

単語と意味を確認しましょう。

☐ eat	[íːt]	【動】	食べる
☐ breakfast	[brékfəst]	【名】	朝食
☐ every morning		【熟】	毎朝
☐ important	[impɔ́ːrtənt]	【形】	重要な
☐ meal	[míːl]	【名】	食事
☐ get tired		【熟】	疲れる
☐ easily	[íːzəli]	【副】	簡単に
☐ brain	[bréin]	【名】	頭脳，脳
☐ work	[wə́ːrk]	【動】	働く
☐ main	[méin]	【形】	主な
☐ reason	[ríːzən]	【名】	理由
☐ first	[fə́ːrst]	【副】	まず，1つ目に
☐ enough	[ináf]	【形】	十分な
☐ second	[sékənd]	【副】	次に，2つ目に
☐ want to ...		【熟】	…したいと思う
☐ not ... anything		【熟】	何も…ない
☐ so	[sóu]	【副】	〈副詞・形容詞の前で〉そんなに，それほど，だから
☐ soon	[súːn]	【副】	すぐに，間もなく
☐ after -ing		【熟】	…したあとで
☐ get up		【熟】	起きる
☐ then	[ðén]	【副】	それでは，その場合（は）
☐ should	[ʃúd]	【助】	…すべきである
☐ difficult	[dífikʌlt]	【形】	難しい
☐ a little ...		【熟】	少し…
☐ earlier	[ə́ːrliər]	【副】	early（早く）の比較級
☐ hungry	[háŋgri]	【形】	空腹な
☐ something	[sámθiŋ]	【代】	何か
☐ agree	[əgríː]	【動】	意見が一致する，同意する
☐ enjoy -ing		【熟】	…するのを楽しむ

Unit 19

和訳例

　あなたは毎朝朝食を食べるだろうか。私は1日の中でそれは最も重要な食事だと思う。もし朝食を食べなければ，私たちは簡単に疲れてしまうし，頭もうまく働かない。しかし，中には朝食を食べない人もいる。なぜだろうか。理由は主に2つある。1つ目は，朝食を食べるのに十分な時間がないため。2つ目は，起きたあと，そんなにすぐには何も食べたくないためだ。それでは，どうするべきだろう。「もし朝食を食べるのが難しいなら，もう少し早く起きなさい。そうすると，空腹を感じて何かを食べたくなる」と私の担任の先生は言う。私も同意見だ。もし毎朝朝食を食べれば，うまく勉強やスポーツができる。だから，もう少し早く起きて，朝食を食べることを楽しもう！

Listen & Write!

ディクテーションにチャレンジしましょう！

Do you eat breakfast every morning? I think it is the most important meal of the day. If we (   ) eat breakfast, we get tired easily and our brains don't work well. But some people don't have breakfast. Why? There are

5 (   ) main reasons. First, they don't have enough (   ) to eat breakfast. Second, they don't want to eat anything so soon after getting up. Then, what should they do? My teacher says, "If eating breakfast is difficult, get up a little earlier. When you do this, you (   ) hungry

10 and want something to eat." I agree. If we eat breakfast every morning, we can study and play sports well. So let's get up a little (   ) and enjoy eating breakfast!

Do you eat / breakfast / every morning? / I think / it is the most
あなたは食べるだろうか　朝食を　　　　　　毎朝　　　　　私は思う　それは最も重要な食事だと

important meal / of the day. / If we don't eat / breakfast, / we get tired /
　　　　　　　　1日の中で　　もし私たちが食べなければ　朝食を　　　私たちは疲れてしまう

easily / and our brains don't work / well. / But / some people don't
簡単に　　そして頭は働かない　　　　　うまく　しかし　中には食べない人もいる

have / breakfast. / Why? / There are two main reasons. / First, / they
　　　朝食を　　なぜだろうか　　　　　理由は主に2つある　　　　　1つ目は　彼らには

don't have / enough time / to eat breakfast. / Second, / they don't want
ない　　　　　十分な時間が　　　朝食を食べるための　　2つ目は　　彼らは食べたくない

to eat / anything / so soon after getting up. / Then, / what should they
何も　　　　　　　起きたあとそんなにすぐには　　それでは　彼らはどうするべきだろう

do? / My teacher says, / "If eating breakfast is difficult, / get up / a little
　　　私の担任の先生は言う　「もし朝食を食べるのが難しいなら　　起きなさい　もう少し早く

earlier. / When you do this, / you feel hungry / and want something to
　　　　あなたがこのことをすると　あなたは空腹を感じる　　そして何かを食べたくなる」

eat." / I agree. / If we eat / breakfast / every morning, / we can study /
私も同意見だ　もし私たちが食べれば　朝食を　　　　毎朝　　　私たちは勉強できる

and play sports / well. / So let's get up / a little earlier / and enjoy eating
そしてスポーツができる　うまく　だから起きよう　もう少し早く　そして朝食を食べることを

breakfast!
楽しもう

英文の長さ **120** words

50	100	150	200

📖 読む時間　目標　**2分0秒**
✏️ 解く時間　　　　**4分**

1回目	————	2回目	————	3回目	————

Let's read!

次の英文は，ケンジ（Kenji）が日本にやってきたカナダ人の
エミリー（Emily）とスポーツについて話した会話の一部です。
これを読んで，あとの設問に答えなさい。

Kenji : Do you like sports, Emily?

Emily : Yes, I do.

Kenji : (　1　)

Emily : I often play tennis. Tennis is fun. How about you?

5　Kenji : (　2　) I am a member of the school tennis club.

Emily : Good! My school in Canada doesn't have a tennis club.

Kenji : (　3　)

Emily : At home. My family has a tennis court in our yard.

Kenji : Wonderful! I really want to see it.

10 Emily : (　4　)

Kenji : Thank you. Well, Emily, I often play baseball at home.

Emily : Really? I can't believe it. (　5　)

Kenji : No. I play a computer baseball game!

(神奈川県)

(注) member：部員　　tennis court：テニスコート　　game：ゲーム

Questions

問　空所 (1) ～ (5) に入れるのに最も適切な文を下の①～⑧の中から１つずつ選びなさい。

① Do you have a very large yard?

② Can you see me?

③ I'll show you a picture of it later.

④ Is our yard too small for baseball?

⑤ What sports do you play?

⑥ So I don't play tennis very often.

⑦ Then, where do you play tennis?

⑧ I like tennis, too.

解答欄

(1)		(2)		(3)		(4)		(5)	

Answers

答えをチェックしましょう。

(1)	⑤	(2)	⑧	(3)	⑦	(4)	③	(5)	①

(1) 空所のあとの「私はよくテニスをする」がヒント。つまり，空所では「どんなスポーツをするのか」と尋ねたとわかるので，⑤が正解になります。

(2) 「テニスは楽しい。あなたはどう？」という発言に対する答えなので，「テニスが好き」「テニスが嫌い」「他のスポーツが好き」などの答えが空所に入ると考えられます。また，空所のあとの「学校のテニス部の部員なんだ」から，ケンジもテニスが好きだとわかるので，⑧が正解になります。

(3) 空所のあとの「自宅で」がヒント。つまり，テニスをする場所を尋ねていることがわかるので，⑦が正解です。

(4) 空所の前の「それ（＝庭のテニスコート）を本当に見てみたい」と，空所のあとの「ありがとう」がヒント。つまり，「見せてあげる」という内容の文が空所に入ると考えられるので，その内容に近い③が正解とわかります。

(5) 空所のあとの「No」がヒント。つまり，空所には Yes か No で答えられるタイプの疑問文が入るとわかります。よって，①が正解です。選択肢の②と④も「Yes，No」で答えるタイプの疑問文ですが，これらでは意味がつながりません。

〈選択肢の和訳〉
① とても広い庭を持っているのですか。
② 私が見えますか。
③ あとであなたにその写真を見せてあげましょう。
④ うちの庭は野球をするには小さすぎますか。
⑤ あなたはどんなスポーツをするのですか。
⑥ だから，私はあまりひんぱんにテニスをしません。
⑦ それでは，あなたはどこでテニスをするのですか。
⑧ 私もテニスが好きです。

Vocabulary

単語と意味を確認しましょう。

☐ sport	[spɔ́ːrt]	【名】	スポーツ
☐ play	[pléi]	【動】	する，行う
☐ often	[ɔ́ːfən]	【副】	よく，しばしば
☐ tennis	[ténəs]	【名】	テニス
☐ fun	[fʌ́n]	【名】	楽しみ
☐ member	[mémbər]	【名】	メンバー，一員
☐ club	[klʌ́b]	【名】	クラブ
☐ then	[ðén]	【副】	それなら
☐ at home		【熟】	自宅で
☐ family	[fǽməli]	【名】	家庭，家族
☐ tennis court		【名】	テニスコート
☐ yard	[jáːrd]	【名】	庭
☐ wonderful	[wʌ́ndərfəl]	【形】	すばらしい
☐ really	[ríːəli]	【副】	本当に
☐ want to ...		【熟】	…したいと思う
☐ see	[síː]	【動】	見る
☐ show	[ʃóu]	【動】	見せる
☐ picture	[píktʃər]	【名】	写真
☐ later	[léitər]	【副】	あとで
☐ baseball	[béisbɔ̀ːl]	【名】	野球
☐ believe	[bilíːv]	【動】	信じる
☐ large	[láːrdʒ]	【形】	大きい，広い
☐ computer	[kəmpjúːtər]	【名】	コンピューター

Unit 20

和訳例

Kenji：エミリー，君はスポーツが好きかい？

Emily：ええ，好きよ。

Kenji：君はどんなスポーツをするの？

Emily：私はよくテニスをするわ。テニスは楽しいわよ。あなたはどう？

Kenji：僕もテニスは好きだよ。僕は学校のテニス部の部員なんだ。

Emily：いいわね！　カナダの私の学校はテニス部を持っていないの。

Kenji：じゃあ，どこでテニスをするの？

Emily：自宅でよ。私の家族は庭にテニスコートを持っているの。

Kenji：すばらしい！　僕はそれを本当に見てみたいよ。

Emily：あとであなたに写真を見せてあげる。

Kenji：ありがとう。それから，エミリー，僕はよく家で野球をするんだ。

Emily：本当？　信じられないわ。あなたはとても広い庭を持っているの？

Kenji：違うよ。僕はコンピューターの野球ゲームをするんだ！

Listen & Write!

ディクテーションにチャレンジしましょう！

Kenji : Do you like sports, Emily?

Emily : Yes, I do.

Kenji : (   ) sports do you play?

Emily : I often play tennis. Tennis is fun. How (   )

5　　　you?

Kenji : I like tennis, too. I am a member of the school tennis

club.

Emily : Good! My school in Canada doesn't have a tennis club.

Kenji : Then, (   ) do you play tennis?

10 Emily : At home. My family has a tennis court in our

(   ).

Kenji : Wonderful! I really want to see it.

Emily : I'll show you a picture of it (   ).

Kenji : Thank you. Well, Emily, I often play baseball at home.

15 Emily : Really? I can't believe it. Do you have a very large

yard?

Kenji : No. I play a computer baseball game!

Read aloud!

音読しましょう！

Kenji : Do you like sports, / Emily? /
君はスポーツが好きかい　　エミリー

Emily : Yes, I do. /
ええ，好きよ

Kenji : What sports / do you play? /
どんなスポーツを　　　君はするの

Emily : I often play tennis. / Tennis is fun. / How about you? /
私はよくテニスをするわ　　テニスは楽しいわよ　　あなたはどう

Kenji : I like tennis, too. / I am a member / of the school tennis club. /
僕もテニスは好きだよ　　僕は部員なんだ　　学校のテニス部の

Emily : Good！/ My school / in Canada / doesn't have a tennis club. /
いいわね　私の学校は　カナダの　テニス部を持っていないの

Kenji : Then, / where do you play tennis? /
じゃあ　どこでテニスをするの

Emily : At home. / My family / has a tennis court / in our yard. /
自宅でよ　私の家族は　テニスコートを持っているの　庭に

Kenji : Wonderful! / I really / want to see it. /
すばらしい　僕は本当に　それを見てみたいよ

Emily : I'll show you / a picture of it / later. /
私はあなたに見せてあげる　その写真を　あとで

Kenji : Thank you. / Well, Emily, / I often play baseball / at home. /
ありがとう　それから，エミリー　僕はよく野球をするんだ　家で

Emily : Really? / I can't believe it. / Do you have / a very large yard? /
本当　私はそれを信じられないわ　あなたは持っているの　とても広い庭を

Kenji : No. / I play / a computer baseball game!
違うよ　僕はするんだ　コンピューターの野球ゲームを

Listen & Write! （前ページの解答）

Kenji : Do you like sports, Emily?
Emily : Yes, I do.
Kenji : (**What**) sports do you play?
Emily : I often play tennis. Tennis is fun. How (**about**) you?
Kenji : I like tennis, too. I am a member of the school tennis club.
Emily : Good! My school in Canada doesn't have a tennis club.
Kenji : Then, (**where**) do you play tennis?
Emily : At home. My family has a tennis court in our (**yard**).
Kenji : Wonderful! I really want to see it.
Emily : I'll show you a picture of it (**later**).
Kenji : Thank you. Well, Emily, I often play baseball at home.
Emily : Really? I can't believe it. Do you have a very large yard?
Kenji : No. I play a computer baseball game!

unit 20

Let's read!

次の英文を読み，あとの設問に答えなさい。

I like traveling by train because it has a lot of good points. First of all, it is easy to relax on a train. You can enjoy reading and playing games. You also have the chance to talk with strangers. If you want to travel fast, you can use
5 the Shinkansen. If you take a slow train, you can enjoy the scenery. There are some inexpensive tickets, too.

However, if you use an inexpensive ticket, your train usually runs slowly and stops at many stations. Sometimes you have to wait for a long time to change trains, or walk around the
10 station with a heavy bag.

Although there are some bad points, I think the best way to travel is by train, because I can sleep on a train.

(茨城県)

Questions

問 　下のそれぞれの英文の空所に入れるのに最も適切な英語を，本文中から選んで書きなさい。

(1) If you use the Shinkansen, you can travel (　　　).

(2) Traveling on a (　　　) train is usually inexpensive.

(3) When you change (　　　), you sometimes have to wait for a long time.

(4) Traveling by train has both (　　) points and (　　) points.

Unit 21

解答欄

(1)		(2)	
(3)		(4)	

Answers

答えをチェックしましょう。

(1)	fast	(2)	slow
(3)	trains	(4)	good, bad [bad, good]

(1) 4～5行目のIf you want to travel fast, you can use the Shinkansen. 「もし，あなたが速く旅行することを望むならば，新幹線を利用することができる」を言いかえています。この文を問題文の「新幹線を利用すれば，(　　　)移動することができる」に当てはめると，「速く」という意味の副詞，fast を入れるのが適切だとわかります。

(2) 第1段落の最後の2つの文に注目しましょう。これらの文の内容から遅く進む列車，つまり鈍行列車は運賃が安いと考えられます。空所の直後には train という名詞があるので，形容詞の slow を入れましょう。8行目にある slowly は副詞なので，名詞の前に置いて名詞を修飾することはできません。

(3) 8～9行目のSometimes you have to wait for a long time to change trains, ...（ときどき，あなたは列車を乗りかえるために長い間待たなければならない）を問題文の形に言いかえると，「電車の乗りかえをする」という意味の change trains の trains の部分を入れればよいとわかります。trains が複数形であることに注意しましょう。

(4) 本文では，電車による旅行のよい点と悪い点の両方が述べられています。第1段落でまず good points が，そして第2段落で bad points が説明されています。第3段落では，結論が手短に述べられています。

重要な表現⑬

2つのことを対比させる however

7行目にある However は，2つのことを対比させるときに使われる表現で，前に述べたことを受けて「しかしながら，とはいえ，他方において」という意味を表します。そのあとに続く文は，前に言ったことを否定したり修正したりする内容となるので，英文を読むときの目印になります。

Vocabulary

単語と意味を確認しましょう。

☐ like –ing		【熟】	…することが好き
☐ travel	[trǽvəl]	【動】	旅行する，移動する
☐ by train		【熟】	電車で
☐ a lot of ～		【熟】	たくさんの～
☐ good	[gúd]	【形】	よい
☐ point	[pɔ́int]	【名】	点
☐ first of all		【熟】	まず第一に
☐ relax	[rilǽks]	【動】	くつろぐ
☐ enjoy –ing		【熟】	…するのを楽しむ
☐ read	[ríːd]	【動】	読書する
☐ play a game		【熟】	ゲームをする
☐ chance	[tʃǽns]	【名】	機会
☐ stranger	[stréindʒər]	【名】	見知らぬ人
☐ slow train		【名】	遅い [鈍行] 列車

☐ scenery	[síːnəri]	【名】	風景，景色
☐ inexpensive	[inikspénsiv]	【形】	安い
☐ slowly	[slóuli]	【副】	遅く
☐ stop	[stáp]	【動】	止まる
☐ station	[stéiʃən]	【名】	駅
☐ wait	[wéit]	【動】	待つ
☐ change trains		【熟】	電車を乗りかえる
☐ walk around ～		【熟】	～を歩き回る
☐ heavy	[hévi]	【形】	重い
☐ bag	[bǽg]	【名】	かばん
☐ although ...	[ɔːlðóu]	【接】	…だけれども
☐ bad	[bǽd]	【形】	悪い
☐ best	[bést]	【形】	最もよい
☐ way	[wéi]	【名】	方法
☐ sleep	[slíːp]	【動】	眠る

Unit 21

和訳例

　私は電車で旅行することが好きだ。なぜなら，それはたくさんのよい点を持っているからだ。第一に，電車の中ではリラックスすることが簡単である。あなたは読書やゲームをするのを楽しめる。また，あなたは知らない人と話をする機会がある。もし，あなたが速く旅行することを望むならば，新幹線を利用することができる。もし，遅い列車を利用すれば，景色を楽しむことができる。また，いくつか安い切符もある。

　しかし，もしあなたが安い切符を使うなら，電車はたいてい遅く走り，多くの駅で停車する。ときどき，あなたは電車を乗りかえるために長い間待ったり，あるいは重いかばんを持って駅の中をあちこち歩いたりしなければならない。

　いくつかの悪い点はあるけれども，私は旅行するための最善の方法は電車を使うことだと思う。なぜなら，私は電車では眠ることができるからだ。

Listen & Write!

ディクテーションにチャレンジしましょう！

I like traveling by train because it has a lot of good points. First of all, it is (   ) to relax on a train. You can enjoy reading and playing games. You also have the (   ) to talk with strangers. If you want

5 to travel fast, you can use the Shinkansen. If you take a (   ) train, you can enjoy the scenery. There are some inexpensive tickets, too.

However, if you use an inexpensive ticket, your train usually runs slowly and stops at many stations. Sometimes you have

10 to wait for a long time to change (   ), or walk around the station with a heavy bag.

Although there are some bad points, I think the (   ) way to travel is by train, because I can sleep on a train.

Read aloud!

音読しましょう！

I like / traveling by train / because it has / a lot of good points. /
私は好きだ　　電車で旅行することが　　なぜなら, それは持っているからだ　　たくさんのよい点を

First of all, / it is easy / to relax / on a train. / You can enjoy /
第一に　　　　簡単である　　リラックスすることが　　電車の中では　　　　あなたは楽しめる

reading / and playing games. / You also / have the chance / to talk /
読書を　　　そしてゲームをするのを　　　また, あなたは　　　機会がある　　　　話をする

with strangers. / If you want / to travel fast, / you can use /
知らない人と　　　もし, あなたが望むならば　　速く旅行することを　　あなたは利用することができる

the Shinkansen. / If you take / a slow train, / you can enjoy /
新幹線を　　　もしあなたが利用すれば　　遅い列車を　　　あなたは楽しむことができる

the scenery. / There are / some inexpensive tickets, / too. /
景色を　　　　ある　　　　　いくつか安い切符　　　　　　も

However, / if you use / an inexpensive ticket, / your train usually /
しかし　　もしあなたが使うなら　　　安い切符を　　　　　　電車はたいてい

runs slowly / and stops / at many stations. / Sometimes /
遅く走る　　　そして停車する　　　多くの駅で　　　　　ときどき

you have to wait / for a long time / to change trains, / or walk /
あなたは待たなければならない　　　長い間　　　電車を乗りかえるために　　あるいは歩いたり

around the station / with a heavy bag. /
駅の中をあちこち　　　　重いかばんを持って

Although there are / some bad points, / I think / the best way /
あるけれども　　　　いくつかの悪い点は　　　私は思う　　　最善の方法は

to travel / is by train, / because I can sleep / on a train.
旅行するための　　電車を使うことだと　　なぜなら私は眠ることができるから　　電車では

Listen & Write! （前ページの解答）

I like traveling by train because it has a lot of good points. First of all, it is (**easy**) to relax on a train. You can enjoy reading and playing games. You also have the (**chance**) to talk with strangers. If you want to travel fast, you can use the Shinkansen. If you take a (**slow**) train, you can enjoy the scenery. There are some inexpensive tickets, too.

However, if you use an inexpensive ticket, your train usually runs slowly and stops at many stations. Sometimes you have to wait for a long time to change (**trains**), or walk around the station with a heavy bag.

Although there are some bad points, I think the (**best**) way to travel is by train, because I can sleep on a train.

Let's read!

次の英文は，アメリカに留学しているユミ（Yumi）と日本の高校のスミス先生（Ms. Smith）がやり取りしたメールです。これを読んで，あとの設問に答えなさい。

Hello, Ms. Smith.

I am having a great time here. I think that my English is (1)(good) than before. My host family are very kind. There are three (2)(child) in the family. I enjoy (3)(run) with them in the
5 park every morning. Next Sunday their cousins will visit us. What should I talk about with them? Do you have any ideas?

Hi, Yumi.

How are you? I am glad to (4)(k_____) that you are enjoying your time. I have a good idea. I hear that Japanese food is
10 popular all over the world. You can (5)(s_____) them how to cook your favorite dish. I am sure that they will be (6)(i_____) in Japanese food.

（茨城県 改）

134

Questions

問1 下線部 (1) 〜 (3) を，それぞれ 1 語で最も適切な形にして書きなさい。

問2 下線部 (4) 〜 (6) に入れるのに最も適切な語を書きなさい。ただしそれぞれ空所内に示されている文字で書き始めることとします。

問3 本文の内容に合うように，次の質問の答えとして最も適切なものを選びなさい。

What does Mr. Smith suggest?

① Yumi should take her host family to a Japanese restaurant.

② Yumi should ask her host family to cook Japanese food for her.

③ Yumi should show the photo of Japanese food to her host family.

④ Yumi should introduce Japanese food to her host family through cooking.

解答欄

問1	(1)		(2)		(3)	
問2	(4)		(5)		(6)	
問3						

Answers

答えをチェックしましょう。

問1	(1)	better	(2)	children	(3)	running
問2	(4)	know	(5)	show	(6)	interested
問3	④					

問1 (1) 直後の than は「比較級＋ than ～」(～よりも…)の形で使うことができます。よって，good の比較級 better が正解です。

(2) 直前の three から，複数形にすることがわかります。よって，child（子ども）の複数形 children（子どもたち）が正解です。

(3) 直前の enjoy は，enjoy –ing（…するのを楽しむ）の形で使うことができます。よって，running が正解です。

問2 (4) 「あなたが楽しく過ごしていることを（　　　）うれしいです」が文の意味です。「知って，わかって」などの意味を持つ know が入ります。be glad to ...（…してうれしい）の「…」の部分には，うれしくなる原因が置かれます。

(5) 「あなたは自分の一番好きな料理の調理法を彼らに（　　　）ことができます」が文の意味です。よって，「教える，見せる」などの意味を持つ show が入ります。show A B（A に B を教える，A に B を見せる）の A には人，B には事柄が置かれます。teach にも同じく「教える」という意味があり，同様の使い方をしますが，こちらは教科のような「知識」を教える場合に使います。またここでは s で始まる語を書くよう指示がありますので，正解は show になります。

(6) 「きっと彼らは和食に（　　　）と思いますよ」が文の意味です。ユミが自分の一番好きな料理の調理法を教えることで，彼らが和食をどう思うかを考えます。また，直前の be，直後の in をヒントにすると，be interested in ～（～に興味がある）が正解とわかります。

問3 スミス先生は，和食が世界中で人気のため，ユミが自分の一番好きな和食の調理法を教えることで，相手が和食に興味を持つであろうと述べています。よって，これらの内容をまとめた④が正解になります。

〈質問と答えの和訳〉

スミス先生が提案していることは何ですか。

× ① ユミはホストファミリーを和食レストランに連れていくべきです。

× ② ユミは，ホストファミリーに自分のために和食を作ってくれるよう頼むべきです。

× ③ ユミはホストファミリーに和食の写真を見せるべきです。

○ ④ ユミは，ホストファミリーに料理を通じて和食を紹介するべきです。

Vocabulary

単語と意味を確認しましょう。

□ have a great time		【熟】	とても楽しい時間を過ごす
□ before	[bifɔ́ːr]	【副】	以前に
□ host family		【名】	ホストファミリー
□ kind	[káind]	【形】	親切な
□ enjoy -ing		【熟】	…して楽しむ，楽しんで…する
□ park	[páːrk]	【名】	公園
□ every morning		【熟】	毎朝
□ next	[nékst]	【形】	次の〜，来〜
□ cousin	[kʌ́zən]	【名】	いとこ
□ visit	[vízət]	【動】	訪ねる
□ should	[ʃúd]	【助】	…すべきである
□ talk about 〜		【熟】	〜について話す
□ any	[əni]	【形】	〈疑問文で〉何か
□ idea	[aidíːə]	【名】	アイデア，考え
□ be glad to …		【熟】	…してうれしい
□ hear	[híər]	【動】	聞く，耳にする
□ Japanese food		【名】	和食，日本食
□ popular	[pápjələr]	【形】	人気のある
□ all over the world		【熟】	世界中で
□ show A B		【熟】	A に B を教える，A に B を見せる
□ how to …		【熟】	…する方法
□ cook	[kúk]	【動】	調理する
□ favorite	[féivərət]	【形】	一番好きな
□ dish	[díʃ]	【名】	料理，皿
□ be sure that …		【熟】	きっと…と思う
□ be interested in 〜		【熟】	〜に興味がある

Unit 22

和訳例

こんにちは，スミス先生。

私はここでとても楽しい時間を過ごしています。私の英語は以前よりもよくなっていると思います。私のホストファミリーはとても親切です。その家族には 3 人の子供がいます。毎朝，彼らと一緒に公園を走るのを楽しんでいます。次の日曜日，彼らのいとこたちが私たちを訪ねてきます。彼らと何について話すべきでしょうか。何かアイデアはありますか。

こんにちは，ユミ。

お元気ですか。あなたが楽しく過ごしていることを知ってうれしいです。私にいいアイデアがあります。私は，和食は世界中で人気があると聞いています。あなたは自分の一番好きな料理の調理法を彼らに教えることができます。きっと彼らは和食に興味を持つと思いますよ。

Listen & Write!

ディクテーションにチャレンジしましょう！

Hello, Ms. Smith.

I am having a great time here. I think that my English is

(   ) than before. My host family are very kind.

There are three (   ) in the family. I enjoy

5 running with them in the park every morning. Next Sunday

their cousins will (   ) us. What should I talk

about with them? Do you have any ideas?

Hi, Yumi.

How are you? I am glad to know that you are enjoying your

10 time. I have a good idea. I hear that Japanese food is popular

all over the world. You can show them (   ) to

cook your favorite dish. I am sure that they will be interested

(   ) Japanese food.

Read aloud!

音読しましょう！

Hello, / Ms. Smith. /
こんにちは　スミス先生

I am having a great time / here. / I think / that my English is better / than
私はとても楽しい時間を過ごしています　ここで　私は思います　私の英語はよりよくなっていると　以前よりも

before. / My host family / are very kind. / There are / three children /
私のホストファミリーは　とても親切です　います　3人の子どもが

in the family. / I enjoy running / with them / in the park / every morning. /
その家族には　私は走るのを楽しんでいます　彼らと一緒に　公園を　毎朝

Next Sunday / their cousins / will visit us. / What should I talk about /
次の日曜日　彼らのいとこたちが　私たちを訪ねてきます　私は何について話すべきでしょうか

with them? / Do you have / any ideas? /
彼らと　持っていますか　何かアイデアを

Hi, / Yumi. /
こんにちは　ユミ

How are you? / I am glad / to know / that you are enjoying your time. /
お元気ですか　私はうれしいです　知って　あなたが楽しく過ごしていることを

I have a good idea. / I hear / that Japanese food is popular / all over
私にいいアイデアがあります　私は聞いています　和食は人気があると　世界中で

the world. / You can show them / how to cook / your favorite dish. /
あなたは彼らに教えることができます　調理する方法を　あなたの一番好きな料理を

I am sure / that they will be interested in Japanese food.
きっと…と思います　彼らが和食に興味を持つと

Unit 22

Listen & Write! (前ページの解答)

Hello, Ms. Smith.
I am having a great time here. I think that my English is (　**better**　) than before. My host family are very kind. There are three (　**children**　) in the family. I enjoy running with them in the park every morning. Next Sunday their cousins will (　**visit**　) us. What should I talk about with them? Do you have any ideas?

Hi, Yumi.
How are you? I am glad to know that you are enjoying your time. I have a good idea. I hear that Japanese food is popular all over the world. You can show them (　**how**　) to cook your favorite dish. I am sure that they will be interested (　**in**　) Japanese food.

Unit 23

英文の長さ **131** words

50 ▼ 100 ▼ 150 ▼ 200 ▼

📖 読む時間 | 目標 | **2分11秒**
✏️ 解く時間 | | **5分**

1回目 ———— 2回目 ———— 3回目 ————

Let's read!

次の英文は，ある中学生が天気予報の表を示しながらクラスで行った発表の一部です。これを読んで，あとの設問に答えなさい。

　Good morning, everybody. Today I want to talk about the weather we'll have from tomorrow to Sunday. Please look at this. It'll be fair from Tuesday to (1). During these three days we'll have beautiful weather. Well, we have a school
5 outing this Wednesday. We'll be able to have a good time. But remember: you should take something to drink with you because that day will be (2) than the other days.

　On Friday it'll be cloudy in the morning. Later it'll rain. Such weather won't last long. On Sunday we'll have (3)
10 skies again. It'll be a perfect spring day. Do you have any plans for Sunday? I do. I'll go mountain climbing with my family, because the young green leaves are very beautiful at this time of the year.

（山口県）

（注）last：続く

Questions

問1 空所 (1) と (2) に入れるのに最も適切な語を答えなさい。

問2 空所 (3) に入れるのに最も適切な語を答えなさい。
① rainy   ② snowy   ③ cloudy   ④ clear

問3 この1週間の天気予報の表として，適切なものを①〜④の中から1つ選びなさい。

①

日（曜）	13(火)	14(水)	15(木)	16(金)	17(土)	18(日)
天気	☀	☀	☀	☀	☂/☁	☀
最高気温（℃）	24	18	25	22	21	24

②

日（曜）	13(火)	14(水)	15(木)	16(金)	17(土)	18(日)
天気	☁	☁	☁	☁/☂	☂/☁	☀
最高気温（℃）	24	26	25	22	21	24

③

日（曜）	13(火)	14(水)	15(木)	16(金)	17(土)	18(日)
天気	☀	☀	☀	☁/☂	☂/☁	☀
最高気温（℃）	24	26	25	22	21	24

④

日（曜）	13(火)	14(水)	15(木)	16(金)	17(土)	18(日)
天気	☀	☀	☀	☂	☀	☀
最高気温（℃）	24	26	25	22	21	24

解答欄

問1	(1)		(2)	
問2			問3	

Answers

答えをチェックしましょう。

問1	(1)	Thursday	(2)	hotter [warmer]
問2		④	問3	③

問1 (1) 直後に During these three days という表現があります。このことから，晴れているのは Tuesday（火曜日）から3日間とわかるので，Thursday（木曜日）を入れればよいわけです。

　　　(2) 空所の前には，晴れていて，飲み物による水分補給が必要だと書いてあるので，「暑い」日になると予測されていることになります。また，空所の直後には，形容詞の比較級とともに使い「～よりも」という意味になる than があるので，空所には hot の比較級 hotter，もしくは warm の比較級 warmer が入ります。

問2 ここまでの文で，火曜日から木曜日までは「晴れ」，金曜日は「曇りのち雨」だと述べられています。その後，日曜日に again（もう一度）とあるので，元の天気，つまり「晴れ」に戻るのだと考えられます。a perfect spring day（申し分ない春の日）という言葉もヒントになります。選択肢の中で「晴れ」を表すのは clear です。

〈選択肢の和訳〉

　　× ① 雨降りの　　　× ② 雪が降る

　　× ③ 曇っている　　○ ④ 晴れている

問3 本文の内容を頭の中でまとめて，それに合った図を選びましょう。本文から読み取れる情報は次のとおりです。

　　　今日（月）→不明

　　　火曜日→晴れ

　　　水曜日→晴れ。最も暑い

　　　木曜日→晴れ

　　　金曜日→曇りのち雨

　　　土曜日→不明

　　　日曜日→晴れ

　　この情報に一致する天気予報の表③が正解となります。

Vocabulary

単語と意味を確認しましょう。

☐ Good morning.		【熟】	おはようございます。
☐ talk about ～		【熟】	～について話す
☐ weather	[wéðər]	【名】	天気
☐ from A to B		【熟】	AからBまで
☐ tomorrow	[təmɔ́(ː)rou]	【名】	明日
☐ Sunday	[sʌ́ndei]	【名】	日曜日
☐ fair	[féər]	【形】	〈天候が〉よい
☐ Tuesday	[t(j)úːzdei]	【名】	火曜日
☐ Thursday	[θə́ːrzdei]	【名】	木曜日
☐ during ～	[djúəriŋ]	【前】	～の間
☐ outing	[áutiŋ]	【名】	遠足
☐ Wednesday	[wénzdei]	【名】	水曜日
☐ be able to ...		【熟】	…できる
☐ remember	[rimémbər]	【動】	覚えている, 思い出す
☐ should ...	[ʃúd]	【助】	…すべきである, …したほうがよい
☐ take	[téik]	【動】	持っていく
☐ something	[sʌ́mθiŋ]	【代】	何か
☐ drink	[dríŋk]	【動】	飲む
☐ hotter	[hátər]	【形】	hot (暑い) の比較級
☐ other	[ʌ́ðər]	【形】	他の
☐ Friday	[fráidei]	【名】	金曜日
☐ cloudy	[kláudi]	【形】	曇った
☐ in the morning		【熟】	午前中に, 朝は
☐ later	[léitər]	【副】	あとで
☐ rain	[réin]	【動】	雨が降る
☐ such	[sʌ́tʃ]	【形】	そのような
☐ won't	[wóunt]	【助】	will not (…しないだろう) の縮約形
☐ long	[lɔ́(ː)ŋ]	【副】	長く
☐ clear	[klíər]	【形】	快晴の, 澄んだ
☐ sky	[skái]	【名】	空
☐ perfect	[pə́ːrfikt]	【形】	申し分ない
☐ spring	[spríŋ]	【名】	春
☐ plan	[plǽn]	【名】	計画
☐ go mountain climbing		【熟】	山登りに行く
☐ young green leaves		【名】	新緑

和訳例

　皆さん，おはようございます。今日，私は，明日から日曜日まで私たちが過ごすことになる天気についてお話ししたいと思います。どうぞこれを見てください。火曜日から木曜日までは晴れるでしょう。この3日間は，すばらしい天気でしょう。さて，私たちは今週の水曜日に学校の遠足があります。私たちは楽しい時を過ごすことができるでしょう。でも，覚えておいてください。その日は他の日よりも暑くなりそうなので，何か飲むための物を持っていくべきです。

　金曜日には，午前中は曇りになるでしょう。その後，雨が降るでしょう。そのような天気は長くは続かないでしょう。日曜日には，再び晴天でしょう。申し分のない春の日になるでしょう。あなたは日曜日に何か計画がありますか。私はあります。私は家族と一緒に山登りに出かけるつもりです。なぜなら，1年のこの時期には，新緑がとても美しいからです。

Unit 23

Listen & Write!

ディクテーションにチャレンジしましょう！

Good morning, everybody. Today I want to talk about the weather we'll have from tomorrow to Sunday. Please look at this. It'll be (   ) from Tuesday to Thursday. During these three days we'll have (   )

5 weather. Well, we have a school outing this Wednesday. We'll be able to have a good time. But remember: you should take something to drink with you because that day will be hotter than the other days.

On Friday it'll be (   ) in the morning.

10 Later it'll rain. Such weather won't (   ) long. On Sunday we'll have clear skies again. It'll be a (   ) spring day. Do you have any plans for Sunday? I do. I'll go mountain climbing with my family, because the young green leaves are very beautiful at this time

15 of the year.

Read aloud!

音読しましょう!

Good morning, / everybody. / Today / I want to talk / about the
おはようございます　　　皆さん　　　今日　　私はお話ししたいと思います　　天気について

weather / we'll have / from tomorrow to Sunday. / Please / look at this. /
私たちが過ごすことになる　　　明日から日曜日まで　　　　どうぞ　　これを見てください

It'll be fair / from Tuesday / to Thursday. / During these three days /
晴れるでしょう　　　火曜日から　　　　木曜日までは　　　　　この3日間は

we'll have beautiful weather. / Well, / we have a school outing /
すばらしい天気でしょう　　　　　さて　　　　私たちは学校の遠足があります

this Wednesday. / We'll be able / to have a good time. /
今週の水曜日に　　　　私たちはできるでしょう　　　楽しい時を過ごすことが

But remember: / you should take / something to drink / with you /
でも覚えておいてください　　　持っていくべきです　　　何か飲むための物を　　　あなたと一緒に

because / that day / will be hotter / than the other days. /
なぜなら　　その日は　　　暑くなりそう　　　　他の日よりも

On Friday / it'll be cloudy / in the morning. / Later / it'll rain. /
金曜日は　　　曇りになるでしょう　　　　午前中は　　　その後　　雨が降るでしょう

Such weather / won't last long. / On Sunday / we'll have /
そのような天気は　　　長くは続かないでしょう　　　日曜日には　　　　…でしょう

clear skies / again. / It'll be / a perfect spring day. / Do you have /
晴天　　　再び　　なるでしょう　　申し分のない春の日に　　　あなたはありますか

any plans / for Sunday? / I do. / I'll go mountain climbing /
何か計画が　　　日曜日に　　私はあります　　　私は山登りに出かけるつもりです

with my family, / because the young green leaves / are very beautiful /
家族と一緒に　　　　　なぜなら新緑が　　　　　　とても美しいからです

at this time / of the year.
この時期には　　　1年の

Unit 23

Listen & Write! (前ページの解答)

Good morning, everybody. Today I want to talk about the weather we'll have from tomorrow to Sunday. Please look at this. It'll be (**fair**) from Tuesday to Thursday. During these three days we'll have (**beautiful**) weather. Well, we have a school outing this Wednesday. We'll be able to have a good time. But remember: you should take something to drink with you because that day will be hotter than the other days.

On Friday it'll be (**cloudy**) in the morning. Later it'll rain. Such weather won't (**last**) long. On Sunday we'll have clear skies again. It'll be a (**perfect**) spring day. Do you have any plans for Sunday? I do. I'll go mountain climbing with my family, because the young green leaves are very beautiful at this time of the year.

Unit 24

英文の長さ 140 words

50 100 150 200

読む時間 目標 2分20秒
解く時間 4分

1回目 ———— 2回目 ———— 3回目 ————

Let's read!

次の英文を読み，あとの設問に答えなさい。

  Yesterday I went to the library in my town. There were a lot of students. They were reading magazines, not books.

  Today there are many young people who don't like reading books. They say that books have more words and fewer
5 pictures than magazines. Do you think (1)so?

  When you read a book, you will find that the words in the book paint pictures for you. You can paint pictures in your (2) when you read. They may be more interesting than some of the pictures you see in magazines. When you read
10 the same book again later, you will find something new and you will be able to imagine more scenes.

  When you can imagine pictures painted with words, books will take you to any place — to old China, to Africa in the future, or even to the moon.

(大分県)

(注) magazine(s)：雑誌　paint：描く　scene(s)：光景

 **Questions**

問1 下線部 (1) が指している内容を日本語で書きなさい。

問2 空所 (2) に入れるのに最も適切な語を選びなさい。
① room ② head ③ magazine ④ notebook

問3 筆者が最も言いたいことは何ですか。最も適切なものを下の①〜④の中から１つ選びなさい。
① Students should visit a library.
② You should read the same book many times.
③ Magazines have more pictures than books.
④ It's fun to imagine many things by reading books.

解答欄

問1	
問2	問3

Answers

答えをチェックしましょう。

問1	本は雑誌に比べて言葉が多くて絵［写真］が少ない，ということ。		
問2	②	問3	④

問1　下線部 (1) の <u>so</u> は「そのように」という意味で，<u>直前の内容</u>を指しています。具体的には，前文の that books have more words and fewer pictures than magazines という部分です。この部分を和訳し，その文の末尾に「ということ」と付け足せばよいでしょう。この文での more は many の比較級です。

問2　本に書いてある内容から想像力を働かせ，「絵」を描く場所はどこなのか考えてみましょう。そうすれば「頭の中」だとわかるでしょう。

〈選択肢の和訳〉

　　× ① 部屋　　　　○ ② 頭　　　　× ③ 雑誌　　　　× ④ ノート

問3　筆者が最も言いたいことは繰り返され，強調されます。この文章では，本を読み，想像力を働かせ頭の中に絵（イメージ）を描くことのすばらしさが繰り返し述べられています。それに合致している④が正解です。

〈選択肢の和訳〉

　　× ① 学生たちは図書館を訪れるべきだ。

　　× ② あなたは同じ本を何回も読むべきだ。

　　× ③ 雑誌には本よりも多くの絵［写真］が載っている。

　　○ ④ 本を読むことによっていろいろなことを想像するのは楽しい。

重要な表現⓮

so のいろいろな使い方

5 行目の Do you think so? の so のように，副詞の so はそれだけで使われて「そのように」という意味を表したり，The question is so difficult. のように，形容詞や他の副詞を修飾して「とても，非常に」という意味を付け加えます。さらに She is ill, so she is absent today. のように置かれると，直前の内容を受けて「だから…，したがって…」という結果を表します。so を見かけたら，文脈をヒントにしてどの使い方なのかを考えてみましょう。

Vocabulary

単語と意味を確認しましょう。

☐ yesterday	[jéstərdei]	【副】	昨日 (は)
☐ went	[wént]	【動】	go (行く) の過去形
☐ library	[láibrèri]	【名】	図書館
☐ town	[táun]	【名】	町
☐ a lot of ～		【熟】	たくさんの～
☐ read	[rí:d]	【動】	読む
☐ magazine	[mǽgəzì:n]	【名】	雑誌
☐ A, not B		【熟】	B でなく A
☐ book	[búk]	【名】	本
☐ today	[tədéi]	【副】	今日 (は)，今日では
☐ young people		【名】	若者
☐ fewer	[fjú:ər]	【形】	より少ない
☐ picture	[píktʃər]	【名】	絵，写真
☐ so	[sóu]	【副】	そのように
☐ find	[fáind]	【動】	わかる，見つける
☐ paint	[péint]	【動】	〈言葉で〉(生き生きと) 描写する，絵を描く

☐ head	[héd]	【名】	頭
☐ may ...	[méi]	【助】	…かもしれない，…してもよい
☐ same	[séim]	【形】	同じ
☐ again	[əgén]	【副】	また，再び
☐ later	[léitər]	【副】	あとで
☐ something	[sʌ́mθiŋ]	【代】	何か
☐ new	[n(j)ú:]	【形】	新しい
☐ be able to ...		【熟】	…できる
☐ imagine	[imǽdʒin]	【動】	想像する
☐ scene	[sí:n]	【名】	場面
☐ take A to B		【熟】	A を B へ連れていく
☐ old	[óuld]	【形】	昔の
☐ China	[tʃáinə]	【名】	中国
☐ in the future		【熟】	未来の，将来の

和訳例

　昨日，私は自分の町の図書館に行った。多くの学生がいた。彼らは本ではなく雑誌を読んでいた。

　今日では，本を読むことを好まない若者が多くいる。彼らは，本は雑誌より言葉が多く絵 [写真] が少ないと言う。あなたはそう思うだろうか。

　本を読むとき，本の中の言葉があなたのために絵を描いてくれるとわかるだろう。読書をするとき，あなたは自分の頭の中に絵を描くことができる。それらは，あなたが雑誌の中で見るいくつかの絵 [写真] よりも，もっとおもしろいかもしれない。あとでまた同じ本を読むとき，あなたは何か新しいことを発見し，より多くの場面を想像することができるだろう。

　あなたが，言葉によって描かれた絵を想像できるとき，本はあなたをどんな場所へでも連れていってくれるだろう。昔の中国，未来のアフリカ，あるいは月へさえも。

Unit 24

Listen & Write!

ディクテーションにチャレンジしましょう！

Yesterday I went to the (   ) in my town. There were a lot of students. They were reading (   ), not books.

Today there are many young people who don't like reading

5 books. They say that books have more words and fewer (   ) than magazines. Do you think so?

When you read a book, you will find that the words in the book paint pictures for you. You can paint pictures in your (   ) when you read. They may be more

10 interesting than some of the pictures you see in magazines. When you read the same book again later, you will find something new and you will be able to (   ) more scenes.

When you can imagine pictures painted with words, books

15 will take you to any place — to old China, to Africa in the future, or even to the moon.

Read aloud!

音読しましょう！

Yesterday / I went to the library / in my town. / There were /
昨日　　　　　　　私は図書館に行った　　　　　自分の町の　　　　　いた

a lot of students. / They were reading magazines, / not books. /
多くの学生が　　　　　　　彼らは雑誌を読んでいた　　　　　本ではなく

Today / there are / many young people / who don't like /
今日では　　　いる　　　　多くの若者が　　　　　好まない

reading books. / They say / that books / have more words /
本を読むことを　　　　彼らは言う　　　　本は　　　　　言葉が多く

and fewer pictures / than magazines. / Do you think so? /
絵［写真］が少ないと　　　　　雑誌よりも　　　　あなたはそう思うだろうか

When you read a book, / you will find / that the words /
本を読むとき　　　　　　あなたはわかるだろう　　　　言葉が

in the book / paint pictures for you. / You can paint pictures /
本の中の　　　　あなたのために絵を描いてくれると　　　あなたは絵を描くことができる

in your head / when you read. / They may be more interesting /
自分の頭の中に　　　読書をするとき　　　それらは，もっとおもしろいかもしれない

than some of the pictures / you see in magazines. / When you
いくつかの絵［写真］よりも　　　あなたが雑誌の中で見る　　　あなたが読むとき

read / the same book / again later, / you will find / something new /
同じ本を　　　あとでまた　　あなたは発見するだろう　何か新しいことを

and you will be able / to imagine more scenes. /
そしてあなたはできるだろう　　　より多くの場面を想像することが

When you can imagine / pictures painted with words, /
あなたが想像できるとき　　　言葉によって描かれた絵を

books will take you / to any place / — to old China, / to Africa in the
本はあなたを連れていってくれるだろう　　どんな場所へでも　　昔の中国　　　未来のアフリカ

future, / or even to the moon.
あるいは月へさえも

Unit 24

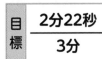

英文の長さ **142** words

50　　100　　150　　200
▼　　▼　　▼　　▼

📖 読む時間 | 目標 | **2分22秒**
✏️ 解く時間 | | **3分**

| 1回目 | 2回目 | 3回目 |
| ——— | ——— | ——— |

Let's read!

次の英文は，ユミと，大韓民国（South Korea）からの留学生キムとの会話です。これを読んで，あとの設問に答えなさい。

Yumi : Hi, Kim.　What did you do last Sunday?

Kim : I went skiing with my friends.

Yumi : (1) Did you enjoy it?

Kim : Oh, yes.　The weather was nice and the sky was
5 　　beautiful.　I saw two Americans in a gondola and talked
　　with them in English.

Yumi : Oh, did you?　If I have that kind of chance, I'd like to
　　talk with such people. It's fun to communicate with
　　people from other countries, isn't it?

10 Kim : (2) So I have two pen friends.　One is a girl in Canada
　　and the other one is a boy in Thailand.　I got a letter
　　from him last week.

Yumi : Really?　Do you understand his language?

Kim : (3) We always communicate in English.　You can
15 　　communicate with people all over the world in English.
　　English is a very useful language.

（北海道）

Questions

問　空所 (1) 〜 (3) に入れるのに最も適切な文を下の①〜③の中から 1 つずつ選びなさい。

① Oh, no.

② Yes, it is.

③ How nice!

解答欄

(1)		(2)		(3)	

Answers

答えをチェックしましょう。

(1)	③	(2)	②	(3)	①

(1) キムはスキー旅行の話をユミにしています。このように，相手が楽しい出来事について語ったとき，それに対する反応として How nice!（いいですね！）という表現がよく使われます。これ以外にも，「how ＋形容詞［副詞］！」の形で，「なんて…なんでしょう！」という驚きや感動を表す表現を作ることができます。

(2) 空所の前で，ユミは「別の国から来た人たちと話をすることは楽しいわよね」と言っています。また，空所の直後でキムは外国に文通友達がいると述べています。これらのことから，空所の部分でキムはユミの発言に同意していると考えられるので，Yes, it is.（はい，そうです）が正解です。is の後ろには，fun（楽しい）が省略されていると考えるとよいでしょう。

(3) 「彼の言葉（＝タイ語）がわかるの？」というユミの質問に対して，キムが答えている部分です。空所の直後では英語を使うと言っているわけですから，キムはタイ語はわからないのだと考えられます。したがって，否定の意味を持った Oh, no.（いいえ，まさか）を選べばよいわけです。

〈選択肢の和訳〉
　　○ ① いいえ，まさか。
　　× ② はい，そうです。
　　× ③ いいですね！

重要な表現⑮

いくつかのものを１つ１つ説明するときの表現

２人の人物や，２つのものをそれぞれ説明するときには，キムの３番目の発言のように，one is ..., and the other (one) is ... という表現を使います。これが３つのものを説明するときは，one is ..., another is ..., and the other is ... となり，４つのものを説明するときは，one is ..., another is ..., another is ..., and the other is ... となります。

Vocabulary

単語と意味を確認しましょう。

☐ last	[lǽst]	【形】	この前の
☐ Sunday	[sʌ́ndei]	【名】	日曜日
☐ went	[wént]	【動】	go（行く）の過去形
☐ go skiing		【熟】	スキーに行く
☐ How nice!		【熟】	いいですね！
☐ enjoy	[endʒɔ́i]	【動】	楽しむ
☐ weather	[wéðər]	【名】	天気
☐ sky	[skái]	【名】	空
☐ saw	[sɔ́:]	【動】	see（見る，会う）の過去形
☐ American	[əmérikən]	【名】	アメリカ人
☐ gondola	[gándələ]	【名】	ゴンドラ
☐ talk with ～		【熟】	～と話す
☐ in English		【熟】	英語で
☐ if ...	[if]	【接】	もし…なら
☐ that kind of ～		【熟】	そのような種類の～
☐ chance	[tʃǽns]	【名】	チャンス，機会

☐ I'd like to ...		【熟】	…したい〈I'd = I would〉
☐ such	[sʌ́tʃ]	【形】	そのような
☐ fun	[fʌ́n]	【名】	楽しみ
☐ communicate with ～		【熟】	～と意思を伝え合う
☐ pen friend		【名】	文通友達
☐ Canada	[kǽnədə]	【名】	カナダ
☐ Thailand	[táilænd]	【名】	タイ
☐ got	[gát]	【動】	get（得る）の過去形
☐ week	[wí:k]	【名】	週
☐ really	[rí:əli]	【副】	本当に
☐ understand	[ʌ̀ndərstǽnd]	【動】	理解する
☐ language	[lǽŋgwidʒ]	【名】	言語，言葉
☐ all over the world		【熟】	世界中の［で］
☐ useful	[jú:sfəl]	【形】	便利な，役に立つ

和訳例

Yumi：こんにちは，キム。この前の日曜日は何をしたの？

Kim：友達とスキーに行ったんだ。

Yumi：いいわね！ 楽しかった？

Kim：うん。天気はよかったし，空がきれいだった。ゴンドラの中で2人のアメリカ人と会って，彼らと英語で話したよ。

Yumi：あら，そうだったの？ もし私がそのような種類のチャンスを持っていたら，私はそういう人たちと話したいわ。別の国から来た人たちと話をするのって楽しいわよね。

Kim：うん，そうだね。だから僕には2人の文通友達がいるんだ。1人はカナダの女の子，もう1人はタイの男の子だ。僕は先週彼から手紙をもらったよ。

Yumi：本当？ あなたは彼の言葉がわかるの？

Kim：いいや，まさか。僕たちはいつも英語で連絡を取り合っているのさ。英語を使って世界中の人々と意思を伝え合えるんだ。英語はとても便利な言語だね。

Listen & Write!

ディクテーションにチャレンジしましょう！

Yumi : Hi, Kim. What did you do last Sunday?

Kim : I went skiing with my friends.

Yumi : How (   )! Did you enjoy it?

Kim : Oh, yes. The weather was nice and the sky was
5   beautiful. I saw two Americans in a gondola and talked
        with them in English.

Yumi : Oh, did you? If I have that kind of chance, I'd like
        to talk with such people. It's (   ) to
        communicate with people from other countries, isn't it?

10 Kim : Yes, it is. So I have two pen friends. One is a girl in
        Canada and the (   ) one is a boy in
        Thailand. I got a letter from him last week.

Yumi : Really? Do you understand his language?

Kim : Oh, no. We (   ) communicate in
15   English. You can communicate with people all over the
        world in English. English is a very (   )
        language.

 **Read aloud!**
音読しましょう！

Yumi : Hi, Kim. / What did you do / last Sunday? /
こんにちは, キム　　　何をしたの　　　この前の日曜日は

Kim : I went skiing / with my friends. /
スキーに行ったんだ　　　友達と

Yumi : How nice! / Did you enjoy it? /
いいわね　　　楽しかった

Kim : Oh, yes. / The weather was nice / and the sky was beautiful. / I saw
うん　　　天気はよかったし　　　空がきれいだった　　　2人の

two Americans / in a gondola / and talked with them / in English. /
アメリカ人に会った　　　ゴンドラの中で　　　そして彼らと話したよ　　　英語で

Yumi : Oh, did you? / If I have / that kind of chance, / I'd like to talk /
あら, そうだったの　　　もし私が持っていたら　　　そのような種類のチャンスを　　　私は話したいわ

with such people. / It's fun / to communicate / with people /
そういう人たちと　　　楽しい　　　話をするのって　　　人たちと

from other countries, / isn't it? /
別の国から来た　　　よね

Kim : Yes, it is. / So I have two pen friends. / One is a girl / in Canada /
うん, そうだね　　　だから僕には2人の文通友達がいるんだ　　　1人は女の子で　　　カナダの

and the other one / is a boy / in Thailand. / I got a letter / from him /
もう1人は　　　男の子だ　　　タイの　　　僕は手紙をもらったよ　　　彼から

last week. /
先週

Yumi : Really? / Do you understand / his language? /
本当　　　あなたはわかるの　　　彼の言葉が

Kim : Oh, no. / We always / communicate in English. / You can /
いいや, まさか　　　僕たちはいつも　　　英語で連絡を取り合っているのさ　　　あなたはできる

communicate with people / all over the world / in English. / English /
人々と意思を伝え合うことが　　　世界中の　　　英語を使って　　　英語は

is a very useful language.
とても便利な言語だね

Listen & Write! （前ページの解答）

Yumi : Hi, Kim.　What did you do last Sunday?
Kim : I went skiing with my friends.
Yumi : How (**nice**)! Did you enjoy it?
Kim : Oh, yes.　The weather was nice and the sky was beautiful.　I saw two Americans in a gondola and talked with them in English.
Yumi : Oh, did you?　If I have that kind of chance, I'd like to talk with such people. It's (**fun**) to communicate with people from other countries, isn't it?
Kim : Yes, it is.　So I have two pen friends.　One is a girl in Canada and the (**other**) one is a boy in Thailand. I got a letter from him last week.
Yumi : Really?　Do you understand his language?
Kim : Oh, no.　We (**always**) communicate in English.　You can communicate with people all over the world in English.　English is a very (**useful**) language.

Unit 25

不規則動詞活用表

	原形	過去形	過去分詞形	意味
A-A-A型（原形・過去形・過去分形とも同じ形）	☐ cost	☐ cost	☐ cost	（費用が）かかる
	☐ cut	☐ cut	☐ cut	切る
	☐ hit	☐ hit	☐ hit	打つ
	☐ hurt	☐ hurt	☐ hurt	傷つける
	☐ let	☐ let	☐ let	させる
	☐ put	☐ put	☐ put	置く
	☐ set	☐ set	☐ set	配置する
	☐ shut	☐ shut	☐ shut	閉める
	☐ spread	☐ spread	☐ spread	広げる
A-B-B型（過去形と過去分形が同じ形）	☐ bring	☐ brought	☐ brought	持ってくる
	☐ build	☐ built	☐ built	建てる
	☐ burn	☐ burnt	☐ burnt	焼く
	☐ buy	☐ bought	☐ bought	買う
	☐ catch	☐ caught	☐ caught	捕まえる
	☐ feel	☐ felt	☐ felt	感じる
	☐ fight	☐ fought	☐ fought	戦う
	☐ find	☐ found	☐ found	見つける
	☐ hang	☐ hung	☐ hung	つるす
	☐ have	☐ had	☐ had	持つ
	☐ hear	☐ heard	☐ heard	聞く
	☐ hold	☐ held	☐ held	抱く
	☐ keep	☐ kept	☐ kept	保つ
	☐ lay	☐ laid	☐ laid	横たえる
	☐ lead	☐ led	☐ led	導く
	☐ leave	☐ left	☐ left	去る
	☐ lend	☐ lent	☐ lent	貸す
	☐ lose	☐ lost	☐ lost	失う
	☐ make	☐ made	☐ made	作る

	原形	過去形	過去分詞形	意味
A-B-B型（過去形と過去分形が同じ形）	☐ mean	☐ meant	☐ meant	意味する
	☐ meet	☐ met	☐ met	会う
	☐ pay	☐ paid	☐ paid	支払う
	☐ read [ríːd]	☐ read [réd]	☐ read [réd]	読む
	☐ say	☐ said	☐ said	言う
	☐ sell	☐ sold	☐ sold	売る
	☐ send	☐ sent	☐ sent	送る
	☐ shine	☐ shone	☐ shone	輝く
	☐ shoot	☐ shot	☐ shot	撃つ
	☐ sit	☐ sat	☐ sat	座る
	☐ sleep	☐ slept	☐ slept	眠る
	☐ spend	☐ spent	☐ spent	費やす
	☐ stand	☐ stood	☐ stood	立つ
	☐ teach	☐ taught	☐ taught	教える
	☐ tell	☐ told	☐ told	言う
	☐ think	☐ thought	☐ thought	考える
	☐ understand	☐ understood	☐ understood	理解する
	☐ win	☐ won	☐ won	勝つ
A-B-A型（原形と過去分詞形が同じ形）	☐ become	☐ became	☐ become	（〜に）なる
	☐ come	☐ came	☐ come	来る
	☐ run	☐ ran	☐ run	走る
A-B-C型（原形・過去形・過去分詞形が3つとも違う形）	☐ begin	☐ began	☐ begun	始める
	☐ blow	☐ blew	☐ blown	吹く
	☐ break	☐ broke	☐ broken	壊す
	☐ choose	☐ chose	☐ chosen	選ぶ
	☐ do	☐ did	☐ done	する
	☐ draw	☐ drew	☐ drawn	引く
	☐ drink	☐ drank	☐ drunk	飲む
	☐ drive	☐ drove	☐ driven	運転する
	☐ eat	☐ ate	☐ eaten	食べる

	原形	過去形	過去分詞形	意味
	☐ fall	☐ fell	☐ fallen	落ちる
	☐ fly	☐ flew	☐ flown	飛ぶ
	☐ forget	☐ forgot	☐ forgotten /forgot	忘れる
	☐ forgive	☐ forgave	☐ forgiven	許す
	☐ freeze	☐ froze	☐ frozen	凍る
	☐ get	☐ got	☐ gotten/got	得る
	☐ give	☐ gave	☐ given	与える
	☐ go	☐ went	☐ gone	行く
	☐ grow	☐ grew	☐ grown	成長する
	☐ know	☐ knew	☐ known	知る
	☐ lie	☐ lay	☐ lain	横たわる
	☐ ride	☐ rode	☐ ridden	乗る
	☐ ring	☐ rang	☐ rung	鳴る
	☐ rise	☐ rose	☐ risen	昇る
	☐ see	☐ saw	☐ seen	見る
	☐ sing	☐ sang	☐ sung	歌う
	☐ speak	☐ spoke	☐ spoken	話す
	☐ strike	☐ struck	☐ striken /struck	打つ
	☐ swim	☐ swam	☐ swum	泳ぐ
	☐ take	☐ took	☐ taken	取る
	☐ throw	☐ threw	☐ thrown	投げる
	☐ wake	☐ woke	☐ woken	目覚める
	☐ wear	☐ wore	☐ worn	着ている
	☐ write	☐ wrote	☐ written	書く

A-B-C型
（原形・過去形・過去分詞形が3つとも違う形）

大岩 秀樹

東進ハイスクール中等部・東進中学 NET 講師。23 歳で衛星放送を通じて全国配信される授業の担当講師に大抜擢され，現在は中学生〜大学生・社会人を対象とする数多くの講座を担当。基礎・応用・入試対策講座などを幅広く担当し，高校入試だけでなく，大学入試やその先まで視野に入れた授業に定評がある。著書（含共著）は『中学英語レベル別問題集』シリーズ（東進ブックス），『短期で攻める　1 日 1 題 1 週間　スピード英語長文』シリーズ（桐原書店）など多数。

安河内 哲也

東進ハイスクール・東進ビジネススクール講師。各種教育関連機関での講演活動を通じて実用英語教育の普及活動をしている。わかりやすい授業や参考書で定評がある。著者（含共著）は『短期で攻める　1 日 1 題 1 週間　スピード英語長文』シリーズ，『大学入試　英語長文　ハイパートレーニング』シリーズ（共に桐原書店）など多数。

● **英文校閲**　Karl Matsumoto
● **編集協力**　小宮 徹／山越 友子

桐原書店の
デジタル学習サービス

ハイパー英語教室
中学英語長文 1　改訂版［基礎からはじめる編］

2012 年 6 月 30 日　初　版第 1 刷発行
2021 年 3 月 10 日　初　版第 16 刷発行
2021 年 7 月 15 日　改訂版第 1 刷発行
2024 年 8 月 10 日　改訂版第 7 刷発行

著　者	大岩 秀樹／安河内 哲也
発行人	門間 正哉
発行所	株式会社 桐原書店
	〒 114-0001
	東京都北区東十条3-10-36
	TEL：03-5302-7010（販売）
	www.kirihara.co.jp
装丁	徳永 裕美
レイアウト	新田 由起子（ムーブ）／徳永 裕美
イラスト（キャラクターデザイン）	坂崎 千春
イラスト	オカムラ ナオミ
DTP	徳永 裕美
印刷・製本	TOPPANクロレ株式会社

重要な発音記号Best15

発音記号は単語の発音の仕方を示す記号です。単語集などについているカタカナはあくまでも参考で，英語の正しい発音とは異なります。最初は難しく感じるかもしれませんが，ネイティブスピーカーの音声などを使いながら少しずつ発音記号を覚えて，正しい英語の発音を身につけていきましょう。

声に出して読んでみましょう。

□	1	[ɑ]	口を大きく開いて，ノドの奥から響かせて発音する「ア」。	□ **b**o**dy** [bɑ́di] 体 □ st**o**p [stɑ́p] 止まる
□	2	[æ]	「エーアー」と発音し，音が切り替わるときの「エ」と「ア」の中間音。口の両端を横に強く広げる。	□ c**a**t [kǽt] ネコ □ h**a**ppy [hǽpi] うれしい
□	3	[ʌ]	口をあまり開かず，ノドの奥で短く，低く発音する「ア」。	□ b**u**s [bʌ́s] バス □ c**u**t [kʌ́t] 切る
□	4	[ə]	口は半開き，口の真ん中で力を抜き，低くあいまいに発音する「ア」。	□ **a**bout [əbáut] 〜について □ **a**lone [əlóun] ひとりで
□	5	[ɔː]	口を上下縦長に開いて，低い音で長く発音する「オー」。	□ **A**ugust [ɔ́ːgəst] 8月 □ b**a**ll [bɔ́ːl] ボール
□	6	[ɑː]	日本語の「アー」とほぼ同じ音だが，より大きく口とノドを開けて発音する。	□ f**a**ther [fɑ́ːðər] 父 □ p**a**lm [pɑ́ːm] ヤシ